北京第二外国语学院博士学术文库

文化对中国对外直接投资区位选择的影响：基于中国在“一带一路”相关经济体的投资实践

孙俊新　著

中国财经出版传媒集团
中国财政经济出版社

图书在版编目（CIP）数据

文化对中国对外直接投资区位选择的影响：基于中国在“一带一路”相关经济体的投资实践/孙俊新著．—北京：中国财政经济出版社，2018.12

（北京第二外国语学院博士学术文库）

ISBN 978-7-5095-8698-3

Ⅰ.①文… Ⅱ.①孙… Ⅲ.①文化-影响-对外投资-研究-中国 Ⅳ.①F832.6

中国版本图书馆 CIP 数据核字（2018）第 284280 号

责任编辑：吕小军　谷兴华　　　　责任校对：杨瑞琦

封面设计：思梵星尚

中国财政经济出版社出版

URL：http：//www.cfeph.cn

E-mail：cfeph@cfeph.cn

社址：北京市海淀区阜成路甲 28 号　邮政编码：100142

营销中心电话：010-88191537　北京财经书店电话：64033436　84041336

北京财经印刷厂印刷　各地新华书店经销

710×1000 毫米　16 开　6.5 印张　100 000 字

2019 年 1 月第 1 版　2019 年 1 月北京第 1 次印刷

定价：26.00 元

ISBN 978-7-5095-8698-3

（图书出现印装问题，本社负责调换）

本社质量投诉电话：010-88190744

打击盗版举报热线：010-88191661　QQ：2242791300

前　言

近年来，中国对外直接投资步伐明显加快，投资规模显著上升，特别是“一带一路”倡议提出后，“一带一路”建设逐渐从理念转变为行动，从愿景转变为现实，在投资领域取得一系列成果。但相伴而来的东道国民众的质疑、社区的反对和政府的犹豫也导致一系列投资项目的失败。“国之交在于民相亲，民相亲在于心相通”。民心相通是“一带一路”建设的题中之义和重要的社会根基，而文化更是其中重要的组成部分。中国同“一带一路”相关经济体有着共同的文化记忆，依托这一丰富的历史宝藏，并引入中国特色的社会主义建设实践和当下中国社会生活的写实等内容，向世界展现真实、全面、立体的中国，将有助于增强中国和“一带一路”相关经济体的国际认同，为中国企业的国际化营造良好的舆论氛围。

在经济学研究中，文化曾长期被视为外生给定，一度导致学术界对文化的重要性认识不足。但自 20 世纪 80 年代文化距离概念提出以来，对外直接投资的研究已经越来越多地纳入文化因素。随着中国对外直接投资成为常态以及中华文化“走出去”步伐加速，在中国的对外直接投资中关注文化因素的影响已经成为迫切需要解决的理论问题。但现有研究文化影响对外直接投资的文章往往仅关注文化距离，而文化距离在理论上被假定长期不变，这同现实中全球文化的日益融合有明显分歧。为此，学界尝试引入更多文化变量，在更接近现实的约束条件下，考察文化距离的上述影响。这一扩展具有明显的现实意义，因为企业的国际行为将有可能突破被假定不变的文化距离的束缚，从文化的不同层面寻求主动作为以开拓国际市场。

本书正是在这一背景下，尝试将文化分成三个层面——文化距离、文化多样性和文化贸易，并选取对外直接投资的区位选择这一细分视角展开研究。具体而言，本书实证了文化距离、文化多样性和文化贸易对中国企业海外直接投资区位选择的影响，发现文化距离负向影响企业在东道国的投资规模，特别是文化距离中个人主义和不确定性规避的影响最显著，而中国和东道国双边文化贸易的发展将弱化上述负面影响，文化多样性的影响不显著。

相对以往研究，本书将研究视角扩展到“一带一路”相关经济体，并完整地讨论了文化的三个层面，从而企业不仅可以被动地适应文化距离的影响，而且能够通过文化贸易主动作为。随着中国在海外投资规模的增加，本书预期文化多样性的作用也将加强。在“一带一路”背景下，本书的研究具有一定的理论意义和实践意义。本书尝试将文化分为价值观、风俗习惯和文化产品与服务三个部分，分别采用文化距离、文化多样性和文化贸易加以测度，在体系上构建了文化影响直接投资的完整框架，丰富了现有文献的研究视角。实践方面，本书的研究不仅为中国在海外大规模的文化交流和贸易行为提供了理论支撑，而且为企业化解在东道国的投资困境提供了新的思路。

由于时间仓促和水平有限，本书难免存在错漏与不足，恳请广大读者批评指正。

目 录

第1章
导 论

1.1 选题背景

1.1.1 经济学中的文化

1.1.1.1 什么是文化

20世纪中叶英语世界最重要的马克思主义文化批评家之一雷蒙·威廉斯（Raymond Williams）将文化描述为“英语中两三个最复杂的单词之一”（Williams, 2014）。来自社会学、心理学、政治学、经济学等领域的众多学者曾尝试定义文化，但或许是因为其跨学科的特征，不同领域的学者对其定义始终没有达成共识。Kroeber 和 Kluckhohn（1952）曾统计关于文化的定义，有140余种。代表性的定义如 Hofstede（1984）将文化定义为“一群人区别于另一群人的集体性的特征”；Throsby 和 Throsby（2015）认为文化具有以下特征“相关活动在生产中涉及了某种形式的创意，它们都涉及了象征意义的产生和传递，它们的产出至少潜在地体现了某种形式的知识产权”；Guiso、Sapienza 等（2006）定义文化“是一种惯常的信念和价值标准，并经由各族群、宗教团体和社会组织将其不变的代代相传下去”。

总结上述定义，文化主要包括三种具体的存在形式：第一，价值观，这是经过长期的历史发展而形成的特定人群所共有的一类关于是非对错的价值观念；第二，以物质文化遗产（如历史文物、历史建筑和文化遗址等）和非物质文化遗产（如各种传统表演艺术、民俗活动、手工艺技能等）为代表的风俗习惯和行为方式，这是民族智慧的结晶和人类文明的瑰宝，是连接民族情感的纽带，是增进民族团结和维护国家统一及社会稳定的重要文化基础；第三，文化产品和服务，是满足人们日常精神生活和娱乐需求的特定产品与服务。三种文化的具体形式各有特点，价值观通常在长期内保持稳定，所以外来者主要是被动地适应当地的价值观；物质文化遗产和非物质文化遗产是一国重要的文化资源，在国际交往中以交流为主、贸易为辅，在不改变所有权的基础上有着大量的交流机会，以促进艺术创造和文化多样性的发展；文化产品和服务则具有更强的贸易属性，依托于本国丰富的文化资源，是文化资源的再次创造，通常有着很强的经济诉求。本书虽不纠结于精准的定义，但认同文化的主要组成部分，并在下文的分析中关注上述三种文化形成的影响。

尽管文化的内容很宽泛，难以直接度量，但针对文化的三种具体形式，通过广泛的调查和数据收集，现在已经形成以文化距离和国别文化贸易数据为代表的一系列数据，为定量测度文化以及国家间文化差异提供了数据上的准备，可以用于深入的研究以揭示经济和文化之间的互动关系。

1.1.1.2 经济与文化互动关系的理论探索

文化的多样性和复杂性看似同现代经济学在形式上的精确性格格不入，但事实上，任何经济行为和经济理论都不可能不受到一定价值观的引导，只不过这一过程不容易被察觉到。Schumpeter (1949) 在其一系列文章中论述了“意识形态偏见”(ideological bias) 的存在，即“研究人员本身是一定的社会环境的产物，他的社会地位和历史时代影响了他在观察和分析中对问题和方法的选择，进而影响了他的观念或观念体系的形成”。一个更近的表述来自田国强 (2011)，他将现代经济学的基本分析框架分为界定经济环境、设定行为假设、给出制度安排、选择均衡结果、进行评估比较五步。其中第一步决定了现实中的哪一个部分会进入研究框架，明显取决于研究者的主观价值，而中间的三步则是技术分析的过程，也正是这种严谨的分析模糊了最初的意识形态偏见的存在，而最后进行的评估比较通常涉及价值判断的内容。

不仅研究人员的意识形态立场和价值判断会影响经济学的研究过程，文化也会对消费者、企业、政府等各市场参与主体的偏好和行为规范产生影响，进而左右他们的决策和绩效。约翰·穆勒认为，“文化约束有时甚至比追求个人利益更重要”，马歇尔在《经济学原理》中也指出，“世界历史的两大构成要素就是宗教和经济的力量”。尽管经济学家们认识到文化的重要性，但仍然坚信文化是经济学所无法解释的，也是经济学不应该试图解释的 (Casson, 1993)。这导致早期的主流经济学研究中，所有市场主体都不受道德的约束而仅仅是追求自身利益最大化。这种观点一直延续至今，尤其是在宏观经济层面，针对文化对经济决策和绩效影响的争议从未停歇。与此同时，值得关注的是，经济学界探索文化对经济发展影响的努力从未间断。Weber (1930) 在《新教伦理与资本主义精神》一书中分析了新教伦理如何影响资本主义的兴起；亚当·斯密曾将盎格鲁-萨克逊文化中的个人主义精神视为英国产业革命爆发的重要原因之一，这一观点得到19世纪政治经济学家的进一步发展 (Landes, 1969; Temin, 1997)；Berger (1993)、Brook 和 Luong (1997)、Hsiao (1993)、Sen (1998) 从文化角度补充了世界银行 (1993) 对“东亚奇迹”的原因分析，认为源自儒家思想的文化原则，如对重视社会福利、团队协作和集体主义、成就至上的工作伦理、深厚的家庭观念、对等级和权威的尊重等，能够解释日本和亚洲“四小龙”在第二次世界大战后的经济腾飞。更近的例子来自 Alesina 和 Giuliano（2015）关于文化和制度的综述。其中文化包括信任、家庭纽带、个人主义以及广义道德等；制度则涉及政治和法律制度、规则和国家的福利政策等。他们认为文化和制度是相互作用、共同演化的，同样的制度可能在不同的文化类型中具有不同的功能，基于不同制度类型的文化可能有不同的演化方式。

在学者的努力下，文化也成为可以用经济学方法加以论证的学科，并以 Baumol 和 Bowen 于 1966 年所完成的《文艺表演：其经济困局》为标志，文化经济学发展成为一门独立的学科（沈全芳和范汉熙，2010）。Levy 和 Montmarquette（1996）通过在需求模型中综合考虑票价、电影院成本、观影体验、多种可供替代的休闲方式等因素，研究了电影门票的价格弹性，认为观影次数是电影门票价格弹性的重要影响因素。Mei 和 Mose（2002）运用计量手段预测了艺术品的价格，为博物馆和个人收藏艺术品提供了指导，并引起当时的普遍关注。Paulus（2003）对博物馆的效率的研究，将研究视角推向此前一直被忽略的领域，即博物馆往往是非盈利的，如何衡量政府在博物馆建设和维护以及藏品收藏的投资是否是有效率的。除了对文化在国内范围的研究，国际文化贸易及其同一国整体贸易和投资的关系也是研究的重要方向，相关文献将在后面的章节展开回顾。

1.1.1.3 经济与文化互动关系的实践探索

不同于学术界对文化与经济互动关系的争议，文化与经济在实践中的配合却相得益彰。美国是世界文化产业最发达的国家，产值占 GDP 的 20% 左右，其总体竞争力位居世界首位，好莱坞的电影业、麦迪逊大街的形象设计公司、百老汇的戏剧产业等为美国创造了巨大的经济效益；在英国，2014 年创意产业吸纳了 8.8% 的就业，增速超过经济增速 1.7%，出口占到英国总出口的 8.7%。文化产业不仅自身创造了大量经济价值，而且通过促进出口、拉动投资、拉动服务业特别是旅游等方式促进了经济的增长。新加坡文化产业对 GDP 的乘数效应为 1.43，而这一乘数在英国是 1.80；韩国进出口银行认为文化产品每多出口 100 美元，将带动韩国制造业产品出口增加 412 美元；美国旅游协会的数据显示，到离家 80 公里或更远的地方去旅游的美国成年人中，81%是文化旅游（世界主要经济体文化产业发展现状研究课题组，2014）。

意识到文化产业的巨大价值，主要发达国家都将文化艺术的发展摆到重要位置。1997年，美国国会文件中提到了关于文化艺术发展的目标，提出了四点明确的指导思想：帮助美国自我认同；提高生活质量，促进经济的发展；提高公民素质；改进个人生活（黄发玉，2003）。美国作为一个多民族的移民国家，文化的发展有助于凝聚各民族的共识，促进各民族与社会机构的和谐共处和共同发展。在国际经济交往中，文化也充当着服务美国的全球领导地位，传播美国价值观的作用，得到美国政府的广泛支持。比如，美国在同意其他国家享受最惠国待遇时，把不要干涉美国在受惠国的文化宣传活动作为前提条件，在经济援助他国的过程中，把美国文化扩张的条款加入其中等。美国文化产品的优势为美国提供了这种可能，尤其是电影业的强势发展，文化产品与政府政策形成了互动效应，正如1932年英国斯蒂芬·泰伦兹爵士所言“美国把世界上每一家电影院都变成了一座美国领事馆”。

1.1.2 “一带一路”建设中国际直接投资与文化的互动

1.1.2.1 文化“走出去”助力“一带一路”建设

人文交流合作是“一带一路”建设的重要内容。[①] 新时期的“一带一路”建设继承和发扬了以和平合作、开放包容、互学互鉴、互利共赢为特征的丝绸之路精神，以“政策沟通、设施联通、贸易畅通、资金融通、民心相通”为主要内容，积极主动的发展与“一带一路”相关经济体的经济合作伙伴关系，共同打造政治互信、经济融合、文化包容的利益共同体、命运共同体和责任共同体。贸易和投资合作是“一带一路”建设的重要内容，但中国同“一带一路”相关经济体的经济交往过程也必然涉及彼此文化理念的碰撞和人文交流。“一带一路”沿线涉及六十几个经济体、数十亿人口，这些经济体在历史、宗教、经济发展水平等方面的多样性非常突出，也要求在

① 选自习近平在2016年4月29日中央政治局集体学习时的讲话。

"一带一路"的推进过程中格外注意人文交流，增强相互了解，为经贸合作打牢社会基础。

"一带一路"相关经济体，特别是中国周边国家和地区，对中国的态度是矛盾的，一方面相关经济体非常重视中国市场，享受中国经济发展带来的机遇，另一方面也对中国存在很大的防范心理，担心中国借助经济合作、军事进展打破目前世界的平衡和秩序。

即便是政府层面积极响应的国家，媒体的宣传、学界的研究、民间的关注也尚显不足，来自民间的对中国"强势崛起"的过分解读更阻碍了中国同"一带一路"相关经济体经贸投资的深入合作。当前，为营造和平发展的国际环境，中国需要运用多种方式和途径向世界传播中国声音、讲好中国故事，而文化被认为在其中扮演着重要的角色，也是第二次世界大战后各国竞相采用以服务本国对外宣传的重要手段（李红和彭慧丽，2013）。文化所特有的渗透力和感染力，使得文化产品和服务具有直击人心的力量，丰富多彩的文化交流和贸易形式将深入社区和民众，搭建中外民众心灵沟通的纽带和桥梁，成为相互了解、增强互信的平台和渠道。"国之交在于民相亲。"通过使民众真切地感受到中华文化，了解中国的发展现状和中国人民的所思所想所感，增强对中华文化的认同感，进而将中华文化的多样性同"一带一路"相关经济体的价值观、世界观、宗教观有机结合起来，走文明对话与和谐发展之路，是新时期发展文化贸易的核心价值所在。可见，文化建设在新时期"一带一路"建设中有着重要的桥梁作用和压舱石的意义，只有通过文化交流和合作，才能让各国、各领域、各阶层、不同宗教信仰的人们拥有心与心的共同交流，增强互信，增进感情。

除了间接的促进作用，文化产品和服务贸易的本身也是"一带一路"经贸合作的一部分。"一带一路"建设的基础是比较优势，但中国并非同每个"一带一路"相关经济体都可以实现优势互补，因此有必要创造新的比较优势（李向阳，2015），文化贸易作为国际贸易新的增长点，被认为是创新比较优势的重要方面。比如，"一带一路"相关经济体有很多文化遗产，通过文化工作者不断地挖掘创作，未来能够创造出越来越多的商业化素材，通过旅游、电影取景、演艺等多种方式带来新的发展可能。尽管受到金融危机的拖累，但是在世界贸易组织（WTO）促进贸易自由化的努力下，文化产业已经成为众多国家的支柱产业，国际文化贸易也成为发达国家的出口强项。北美和欧洲占据国际文化贸易出口的半壁江山，而亚洲各国的全球市场份额在本轮全球金融危机后也急剧增加，海上丝绸之路相关经济体中马来西亚、新加坡、泰国等都在服务贸易总协定（GATS）框架下做出了具体承诺。尽管电影放映限额、视听服务的最惠国豁免清单、文化服务部门开放需做出单独承诺等条款仍然为文化例外留下一定空间，但预计随着负面清单、双边和多边谈判的推进，各国文化市场必将进一步开放（李墨丝，2015）。总之，"一带一路"涉及众多经济体，在如此开阔的区域空间中，如果过分强调政治、经济手段则易形成硬碰撞。文化交流和贸易则是各国经济贸易合作的软支撑，借此实施文化产业合作先行的战略来淡化地缘政治效应，有利于形成共识与相互信任，共筑民意基础，架构中国全方位的对外开放格局。

1.1.2.2 "一带一路"建设下中国企业"走出去"的文化责任

"一带一路"合作框架下，越来越多的中国企业走出国门，到相关经济体开展国际直接投资、国际工程承包、国际发展援助、国际劳务合作等多种形式的贸易投资活动，通过人员、资本、技术的流动，实现欧亚大陆的互联互通。由此，中国的发展模式在更大程度、更近距离展现给国际社会的同时，也不断被国际社会认可。在这样的大背景下，中国企业如何在"走出去"的同时"走进去""走上去"成为需要深入思考的话题。中国企业在当地的投资需要避免发达国家海外投资曾经犯过的错误，比如，破坏环境、种族冲突等。在西方国家多年海外投资的实践后，沿线许多国家期待找到一种新的发展模式。基于古代丝绸之路带来的美好记忆，各国期待中国企业有着超越欧美国家企业的表现，能够更好地融入当地经济。但类似赴加纳淘金破坏森林、赴阿富汗采矿破坏古迹等事件的发生似乎表明中国企业的海外投资正在重蹈发达国家犯过的错误，只是时代背景不同，上述事件可能引发更大的矛盾和冲突。当矛盾和冲突发生时，企业的投资行为就难以为继了，因此主动承担社会责任可能对企业是更有利的选择。履行社会责任并非法律强制要求，但却可以为企业赢得广泛的声誉和社会认同，并体现企业自身的文化观念，为长期和可持续的合作创造机会。

文化责任是企业社会责任的重要组成部分。企业作为跨国经营的主体，在为东道国带去就业和投资的同时，也接受着当地居民对于中国企业行为的评价。中国企业的决策和行为，不仅承载着国家的形象，也体现着企业的文化责任，这就要求企业严格约束自己的行为。"一带一路"沿线很多国家历史悠久、民族众多、文化遗产丰富，而且有些文化遗产甚至是当地居民的图腾和信仰圣地，对文化遗产的关注和保护的力量非常强大，这就要求不管是基础设施建设还是商业并购，一定要尊重当地的文化、政策、风俗。不仅如此，主动地融入当地的经济、生活也是企业文化责任的重要组成部分。在国外，除了政府，工会组织、社区组织、宗教领袖等都可能对企业活动成败产生重要影响，因此企业需要了解当地居民的需求，通过社区服务、赞助科教文卫活动、改善工作条件等方式，努力让当地居民认可自己。媒体在塑造企业形象方面发挥着重要的作用，企业需要有意识地同媒体搞好关系，及时向媒体披露信息，避免舆论的误导。

在尊重国外文化的基础上，"走出去"的企业也充当着中国文化宣传使者的角色，可以尝试宣传中国的文化，从多个角度向国外居民介绍中国国情，说明中国政策，传播中国文化，降低文化折扣，增进相互了解，树立中国企业国际形象。古代丝绸之路是一条贸易之路，也是一条友谊之路，是中国同"一带一路"相关经济体的一种共同的文化记忆和文化符号。在"一带一路"建设中，企业需要认真思考国外需要什么，"对方需要什么我们就卖什么"，既卖商品又卖文化和价值。在中国崛起的过程中，国外有着浓厚的兴趣了解中国正在发生什么、中国企业正在做什么、中国人正在想什么，而中国企业和企业员工正好是最鲜活的例子，可以形象地讲述中国的故事、传播中国的声音、阐释中国的特色。一个伟大的企业可以推动国家价值观的成长，在跨国经营过程中，要积极履行文化责任，通过企业的经营行为提高国际社会对中国的认同。

1.1.2.3 "一带一路"对外投资的文化考量

文化是企业对外投资环境的重要组成部分。"走出去"的企业作为跨国经营的主体，不仅具有社会属性，更离不开国家背景。我国任何一家海外运营的企业首先都会被视为“中国”企业，国家的形象、东道国对中国的友好程度、对中国制造和中国品牌的认知度都会直接影响企业的投资成败。而来自零点研究咨询集团对“一带一路”相关经济体居民的调查显示，各国居民对华态度在对中国的整体好感度、对中国文化的欣赏度、对中国道路的认同度、对中国发展前景的信心度、对中国制造和中国品牌的好感度、对中国领导人的关注度、对中国领导人正确处理国内、国际事务的信心度、对本国与中国双边关系的认可度、对本国与中国经济关系的信任度等方面存在显著差异。[①]“一带一路”在海外投资的全面铺开，是由点及面、由浅入深的过程，需要率先做好标志性的项目引导其他国家的积极参与，并精准分析每一个国家，对包括社会文化环境在内的国际直接投资环境进行综合评估，合理确定海外投资的项目和方式。

1.2 研究内容、方法和研究结论

本书在“一带一路”倡议的背景下探讨文化对中国企业在相关经济体直接投资的区位选择的影响。中国的国际直接投资长期以来以发达国家和周边国家为主要目的地，而目的地的集中引发当地对中国投资的普遍担忧，“一带一路”倡议的提出试图分散中国的海外投资目的地，进而缓和上述担忧和投资集中带来的风险。“一带一路”沿线的六十多个经济体很多并非中国传统的投资目的地，在过去的几十年间同中国的经济联系和人文交往比较有限，而且这些经济体大多不属于儒家文化圈，同中国有着明显的文化差异。上述因素都在客观上突出了文化交往的重要性。借鉴已有文献的相关研究，本书以文化距

① 中国国际贸易促进会：“‘一带一路’沿线国家对华态度重磅调研”，2015－08－25/2016－07－16，http：//www. ccpit. org/Contents/Channel_ 3430/2015/0825/483638/content_ 483638. htm。

离、文化多样性和文化贸易三个具体指标测度文化的三个组成部分（价值观、风俗习惯和文化产品）对中国企业海外直接投资区位选择的影响。首先，分别回顾文化距离的含义及主要测量维度、综述文化多样性的含义及其提出背景、中国和“一带一路”相关经济体双边文化贸易的发展情况；其次，通过定量分析测度三个因素对中国企业在“一带一路”相关经济体的直接投资的区位选择的影响；最后，提出相关对策建议。鉴于文化距离具有最长时间的稳定性，本书首先分析文化距离的影响，然后尝试分析文化多样性和文化贸易的加强对文化距离的影响将带来怎样的变化，以此剥离文化多样性和文化贸易的实际影响。依据分析结论，本书最后尝试提出一些政策建议。

具体框架如下：第 1 章简要介绍研究背景，特别是文化在经济学分析中的作用越来越重要，以及在“一带一路”建设背景下文化所扮演的重要角色。第 2 章介绍了中国与“一带一路”相关经济体的国际直接投资现状、困境，引出企业在海外投资过程中重视文化建设的必要性和可行性。针对文化的三个层面的含义，第 3 章介绍了文化距离的概念和主要测量指标，并比较了中国和“一带一路”相关经济体在各维度上的文化差异。第 4 章从中国和“一带一路”相关经济体的双边文化贸易入手，介绍了中国和“一带一路”相关经济体文化产业和文化贸易的发展，并分析了中国和“一带一路”相关经济体文化贸易的现状，在此基础上引出文化多样性的含义和提出背景，同时分析了中国和“一带一路”相关经济体文化交流的发展情况。第 5 章以定量分析的形式分析了文化距离对中国在“一带一路”相关经济体国际直接投资区位选择的影响，并实证了文化贸易和文化多样性对上述影响的弱化作用。第 6 章在前文分析的基础上从文化距离、文化贸易、文化多样性等不同角度提出了文化促进海外直接投资的对策建议。

本书的研究发现文化距离对中国国际直接投资呈现负面影响，文化距离的增加会阻碍国际直接投资；文化贸易的发展将弱化文化距离的影响；文化多样性的影响在实践中没有得到证实，这是让我们意外的结果，因为按照市场细分原则，我们可以从理论上推论出在文化越多样的国家，企业通过只服务于东道国特定人群而非全体民众，越可以显著降低文化距离的影响，对理论和实证结果的偏离，本书倾向认为是因为中国企业在“一带一路”相关经济体的投资主要以国有企业投资基础设施为主，而非制造业产品和服务的提供，所以比较难以进行市场细分。

1.3 创新点和不足

本书研究的创新点包括：第一，研究内容方面，不仅考察了文化距离对直接投资的影响，也考察了文化贸易和文化多样性对直接投资的影响，从而在体系上构建了文化影响直接投资的完整框架。现有文献虽不乏讨论文化距离影响直接投资的研究，但相关研究大多止步于发现文化距离的正面或者负面影响，没有完整探讨文化的三个层面，如果将文化狭义的定义为文化距离，那么企业只能被动地适应文化距离的影响而不能有所作为。现实中，文化贸易和文化多样性是我们更容易直观感受到的层面，也是政府在“一带一路”建设过程中大力推进的内容，预计对企业的直接投资会产生重要影响。

第二，研究结论方面，本书的研究发现文化距离对国际直接投资有副作用。同时，不同于以往文献普遍认为企业只能被动的适应文化距离，本书认为尽管文化距离在长期内保持不变，但文化贸易的发展可以弱化文化距离的影响，文化多样性预期未来也将发挥一定的作用，因此各国政府和企业可以主动作为，营造直接投资的良好环境。但是，这同我们的直观感受是不一致的。现实中，各国政府和企业都在很大程度上试图引导东道国企业的舆论导向，建立企业在当地的口碑，并且越是经济发达的国家越关注本国对外文化贸易的发展。本书关于文化多样性和文化贸易的论述为企业如何在文化距离既定的情况下开拓海外市场提供了重要的参考。

第三，研究对象方面，在“一带一路”背景下探讨文化对海外直接投资区位选择的影响。尽管文化距离对国际直接投资区位选择的影响已经有过一定的研究，但是以“一带一路”建设为背景，探讨中国在相关经济体的直接投资是首次尝试，且相关经济体在经济发展水平、文化差异度等方面同中国过去的投资目的地有着显著的不同，其研究结论或有不同，值得重新研究。

本书研究的不足在于：限于数据的可获得性，采用国家层面的数据、基于代表性企业的假定展开分析，不可避免地损失了企业的管理者经验、投资历史和经营规模对文化距离的适应。可以预计，对于国际化经验越丰富的企业，其克服文化距离开展本地化的努力将越可能成功。

第 2 章
中国在“一带一路”相关经济体的国际直接投资

2.1 中国在“一带一路”相关经济体的国际直接投资现状

“一带一路”涉及 60 多个经济体，但具体包括的经济体在《推动共建丝绸之路经济带和 21 世纪海上丝绸之路的愿景与行动》中并没有明确说明。本书采用中国商务部、国家统计局、国家外汇管理局联合出版的《2014 年度中国对外直接投资统计公报》中对于“一带一路”相关经济体的说明，包括 63 个经济体。

2.1.1　投资规模稳步增长，投资国家数量相对稳定

2014 年，全球经济增长乏力，对外直接投资下降 16%，但中国

对外投资逆势上涨，总额达 1231.2 亿美元，分别占全球当年流量、存量的 9.1% 和 3.4%，双向投资首次接近平衡，对外直接投资流量连续 3 年位居世界第 3 位，占比较上年提升 1.5 个百分点，对外直接投资存量位居世界第 8 位，排名较上年前行 3 位。

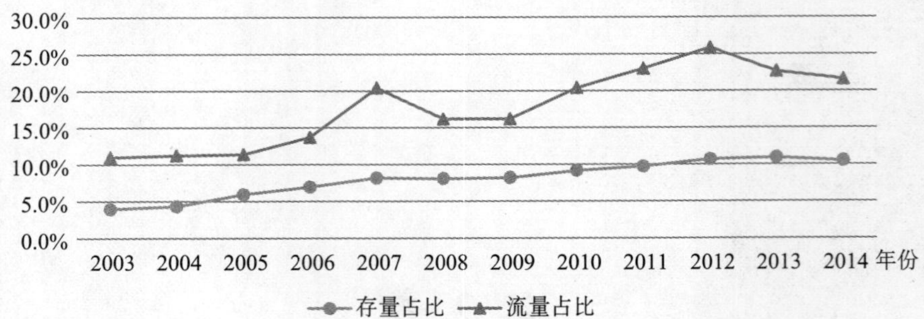

图 2.1　中国对“一带一路”相关经济体投资占总投资的比重

资料来源：根据《2014 年度中国对外直接投资统计公报》计算。

与此同时，中国对“一带一路”相关经济体的直接投资持续增长，投资流量达到 136.56 亿美元，占 2014 年中国对外直接投资存量的 11.1%（见图 2.1）。随着“一带一路”建设的持续推进，2015 年投资更达到 148.2 亿美元，同比增加 18.2%。

存量方面，中国对“一带一路”相关经济体的投资存量达到 924.6 亿美元，占 2014 年中国对外直接投资存量的 10.5%。流量增长速度始终超过存量增长速度，也表明“一带一路”相关经济体对中国的重要性凸显。

尽管如此，也应看到，2014 年中国在“一带一路”相关经济体的投资增长了 8.09%，其增速低于中国在全球的投资增速（14.17%）。对外直接投资存量也显示了同样的结论，2014 年中国海外投资存量同比增长 33.64%，但在“一带一路”沿线投资存量的增长只有 28.39%。在大量增加的投资中，其中很大一部分源于基础设施投资，比如作为样板工程的中巴经济走廊、2014 年 9 月在斯里兰卡动工的港口建设，这类投资大多是以国企甚至央企为主，民营资本的进入程度较低，因此并不能够完全展示中国企业的国际竞争力。

2.1.2　投资国别相对集中，周边国家仍是“一带一路”的投资重点

截至2014年年底，中国1.85万家境内投资者在国（境）外共设立对外直接投资企业2.97万家，分布在全球186个国家和地区。在“一带一路”相关经济体中，2014年中国企业对其中的51个国家投资，2015年对49个国家投资，仅2016年上半年就已经对61个国家投资，投资国家数量保持相对稳定。

从中国海外投资的整体看，发达经济体与周边国家和地区是中国投资的主要流向。表2.1表明发达国家已经成为中国企业海外投资的首选目的地。东盟国家是中国对外投资的传统目的地，这里政治稳定、经济发展水平较高、同中国同为儒家文化圈，是中国企业海外投资的重要目的地。

表2.1　　2014年中国对经济体直接投资流量构成

经济体	金额（亿美元）	同比（%）	比重（%）
发达国家经济体	238.3	72.3	19.4
发展中国家经济体	976.8	6.5	79.3
转型经济体	16.1	-29.1	1.3
合计	1231.2	14.2	100

资料来源：《2014年度中国对外直接投资统计公报》中表七。

在“一带一路”沿线的投资展现出类似的特征。因为“一带一路”相关经济体不包括美国、西欧国家、日本和大洋洲国家，所以周边国家成为投资重点。表2.2列出了2014年中国对“一带一路”相关经济体投资的前20位的国家，其中主要的经济体仍是亚洲国家，特别是东盟国家。2015年中国企业对相关经济体的投资也主要流向新加坡、哈萨克斯坦、老挝、印度尼西亚、俄罗斯和泰国等周边国家。

2.1.3　新的投资目的地出现，分散投资模式初现端倪

“一带一路”相关经济体多数并非中国投资的主要目的地。以2014年为例，中国企业海外并购前10位中没有一个“一带一路”相

表 2.2　中国对"一带一路"相关经济体投资的前 20 位　单位：百万美元

国家	2014 年	国家	2014 年
新加坡	2814	柬埔寨	438
印度尼西亚	1272	缅甸	343
老挝	1027	越南	333
巴基斯坦	1014	印度	317
泰国	839	菲律宾	225
阿拉伯联合酋长国	705	格鲁吉亚	224
俄罗斯	634	土库曼斯坦	195
伊朗伊斯兰共和国	593	沙特阿拉伯	184
马来西亚	521	乌兹别克斯坦	181
蒙古国	503	埃及	163

资料来源：根据《2014 年度中国对外直接投资统计公报》计算。

关经济体。考虑到中国对外投资目的地一直比较集中，比如，2014 年年底对外直接投资存量前 20 位的国家和地区存量占总量的近 90%，且"一带一路"相关经济体多数并非中国传统的投资目的地。在 2014 年中国海外投资流量在 10 亿美元以上的 13 个国家和地区中，相关经济体中仅新加坡、印度尼西亚、巴基斯坦位列其中。

"一带一路"倡议推出的一个重要目的是打破现有的投资约束，扩展海外投资场所，尤其是那些发达国家因为种种原因较少投资的国家和地区。表 2.3 列出了中国在东道国投资增速超过当年中国对外投资增速的 28 个国家。其中，很多国家是新面孔，是中国企业之前投资不太到达的地方，而这正是新的发展方向。

表 2.3　投资增速超过中国对外投资增速的国家　单位：百万美元

国家	2013 年	2014 年	同比增速
全球	107844	123 120	14.17%
OBOR	12634	13 656	8.09%
斯里兰卡	72	85	18.59%
尼泊尔	37	45	21.83%
蒙古国	389	503	29.28%
老挝	781	1 027	31.40%

续表

国家	2013 年	2014 年	同比增速
匈牙利	26	34	32.53%
新加坡	2033	2814	38.42%
塔吉克斯坦	72	107	48.21%
格鲁吉亚	110	224	104.66%
印度	149	317	113.49%
白俄罗斯	27	64	134.44%
阿拉伯联合酋长国	295	705	139.44%
波兰	18	44	140.84%
叙利亚	－8	10	218.63%
乌兹别克斯坦	44	181	308.85%
菲律宾	54	225	313.51%
伊拉克	20	83	313.89%
阿塞拜疆	－4	17	479.91%
东帝汶	2	10	508.13%
巴基斯坦	164	1014	520.08%
埃及	23	163	601.42%
土库曼斯坦	－32	195	701.76%
约旦	1	7	775.32%
罗马尼亚	2	42	1847.00%
阿曼	－1	15	2148.65%
阿富汗	－1	28	2388.52%
以色列	2	53	2682.01%
斯洛伐克	0	46	13736.36%
科威特	－1	162	27542.37%

说明：当期对外直接投资流量等于当期对外直接投资总额减去当期境外企业对境内投资者的反向投资。因此，数值可能出现负数。

资料来源：根据《2014 年度中国对外直接投资统计公报》计算。

2.1.4　投资行业以基础设施项目为主，投资高、期限长、民众好感度待提升

设施联通是"一带一路"的优先领域。在"一带一路"建设的推进过程中，示范项目多以基础设施为主，包括匈塞铁路、中俄东线

天然气管道、中巴经济走廊建设、中哈物流基地等。2015 年，中国企业在“一带一路”相关经济体新签对外承包工程项目合同 3987 份，新签合同额 926.4 亿美元，占同期我国对外承包工程新签合同额的 44.1%，同比增长 7.4%；完成营业额 692.6 亿美元，占同期总额的 45%，同比增长 7.6%。[①] 有媒体曾经梳理了中央和各省市政府公布的“一带一路”项目清单，其中首批启动的项目以基础设施和产业园区建设为主。[②]

这相对于中国对全球投资的整体情况略有不同。中国对全球的直接投资行业分布十分广泛，第三产业备受青睐，而采矿业、建筑业的比重已经有所下降。2014 年，中国对外直接投资涵盖了国民经济的 18 个行业大类。其中，流向第一产业 15.9 亿美元，同比增长 26.2%，占当年流量的 1.3%；第二产业 311.1 亿美元，同比下降 14.4%，占 25.3%，其中流向采矿业（不包括开采辅助活动）的投资 165.5 亿美元，同比下降 33.3%，流向建筑业的投资 34 亿美元，同比下降 22%；第三产业 904.2 亿美元，同比增长 28.7%，占 73.4%，其中第三产业以商务服务业和批发零售业为主。

2.2 中国在“一带一路”相关经济体的国际直接投资困境

中国企业大规模的海外投资是近年来的事情，政府和企业普遍缺乏投资国际市场的经验。另外，中国对外直接投资规模大、交易活跃，容易受到国际关注，以 2017 年为例，中国对外直接投资已经连续 3 年超过吸引的外资，对外直接投资规模位居世界第 3，超过 40% 的企业收益用于再投资。

① 商务部：“2015 年我国企业对‘一带一路’国家投资增 18.2%”，人民网，2016 年 1 月 20 日。
② 张少雷：“‘一带一路’项目清单浮出：国家层面项目超 900 个”，中国网，2015 年 5 月 29 日。

2.2.1　投资目的地集中，在"一带一路"相关经济体的投资规模仍待提升

由于中国海外投资过分集中于几个国家和地区，不经意间导致海外投资容易受到东道国市场的影响而波动。尽管在"一带一路"倡议的推进下，中国企业海外投资目的地已经有分散的趋势，同时也应看到中国在相关经济体的很多投资仍有很大提升空间。通过计算2014 年中国在"一带一路"相关经济体直接投资占这些国家当年引入资金的比重，表 2.4 列出了排名前 20 位的国家。可以看出，中国在"一带一路"相关经济体的投资非常低，对多数国家而言，来自中国的资金是有限的。对中国而言，很多国家是亟待开发的投资目的国。

表 2.4　中国在目的国投资占当年目的国引入资金的比重（前 20 位国家）

国家	占比	国家	占比
尼泊尔	1.52%	柬埔寨	0.25%
老挝	1.42%	乌兹别克斯坦	0.24%
蒙古	0.99%	格鲁吉亚	0.18%
巴基斯坦	0.58%	斯洛伐克	0.10%
阿富汗	0.52%	斯里兰卡	0.09%
吉尔吉斯斯坦	0.51%	阿拉伯联合酋长国	0.07%
塔吉克斯坦	0.41%	泰国	0.07%
缅甸	0.36%	土库曼斯坦	0.06%
科威特	0.33%	印度尼西亚	0.06%

资料来源：中国在目的国投资额来源于《2014 年度中国对外直接投资统计公报》，目的国当年引入资金额来源于联合国贸易和发展会议网站。

2.2.2　投资项目回报期长，难以短期看到收益

中国对外直接投资多集中在制造业、批发零售业以及租赁服务业。虽然近年来，中国对外投资逐渐呈现多元化特征，第三产业所占比重逐渐增加，但是传统制造业仍占较大比重。"一带一路"建设推进过程中，中国开工了一系列大项目、大工程，如修建了很长很宽的

公路、高装机容量的大型水电站、很长的电网，目光放得很远，以解决社会生产发展的基础设施瓶颈为主要目标，力图解决当地经济发展中的“卡脖子”的工程。这是中国在经济发展过程当中所积累的经验，中国也试图将这个经验复制到“一带一路”相关经济体，希望能够帮助当地居民，提升生活水平，最终能获得共同的经济利益。基础设施项目往往建设周期长，虽然能够给当地居民的生产生活带来更长远的利益，但效果的出现需要更长的时间，而且投资较高，可能在短期增加投资国的债务，引发当地居民的一定担忧。

尤其是中国同有些国家的支持方式有着很大的不同，其他国家实施的更多的是民生工程，擅长把握舆情，影响政府的权力机构，他们的援助方式只要是解决当地居民的生产生存所求，比如小型生活设施的捐助、初级教育和基本医疗的实施、乡间小路的修建，在生产生活方面给予当地居民极大的帮助，投资少、耗费精力小、见效快，使得这些政策深得民心，以此获得当地居民的好感。

2.2.3　国企为投资主体，投资成败直接关乎国家形象

或许正是因为“一带一路”的项目建设以基础设施为主，而中国的国企在这方面具有明显的优势，加上国企承担着示范和引导的作用，在“一带一路”建设从提出到落地的前期发挥着重要作用，因此，现阶段的海外投资仍以国企为主。比如，示范项目中匈塞铁路是由中铁国际和铁总国际以及匈牙利铁路公司联合承包，中俄东线天然气管道由中石油作为项目的具体实施者。

中国同有些国家的支持方式有着很大的不同。以美国在东南亚的支持为例，美国国内专门成立了一些小的机构，多是非政府组织，这些机构针对不同国家的发展情况，有的放矢地制定了不同的发展规划，定期开展不同主题的帮扶项目，在很大程度上避免了国企的政府背景所引发的担忧，而将这种投资转变为企业和个人行为，政府成功退居幕后。

随着民营企业的成长和成熟，上述现象有所改变。当前，已经有一批民营企业作为市场主体成长起来，遵循市场规律开展海外直接投资，日益成为中国海外市场开拓的主体。四达时代集团是其中一个典

型的例子。该公司成立于 1988 年，属于广播电视行业，是做广播电视系统集成、技术提供、运营和内容提供的民营公司。从 2002 年开始投资海外，2007 年在卢旺达成立第一家公司，2008 年开始运营，2010 年进入规模化运营，到 2015 年年底，在非洲 30 个国家有公司、16 个国家做运营，用户超过 700 万个，是目前非洲唯一一家拥有直播卫星、地面数字电视和节目中际平台三大网络的公司，也是同时用英语、法语进行数字电视运营的公司，在非洲广播电视行业里用户数位居第 2 位。

2.2.4　经济利益难以说服“一带一路”相关经济体，民心工程亟待跟进

对中国崛起的担忧早已存在，而在“一带一路”背景下对中国海外投资真实意图的质疑和猜测更是此起彼伏。“一带一路”是中国力图承担大国责任，同“一带一路”相关经济体做大做好合作“蛋糕”，其中很重要的一项就是民心相通，强调国家之间、民众之间的互相沟通和理解，如果能够得到更多的沟通和理解，人们眼里的世界，所看到的东西和想要达到的结果就可能会有很大的改变。“国之交在于民相亲”，只有使民众受益，“一带一路”建设才能拥有坚实的民意基础。文化具有直击人心的力量，丰富多彩的文化交流、多层次的人员往来、合理的舆情分析和公关，必将搭建中外民众沟通心灵的纽带和桥梁，成为相互了解、增强互信的平台和渠道，助力中国赢得“一带一路”相关经济体民众的支持。

2.3
中国国际直接投资中文化建设的必要性与可行性

2.3.1　中国国际直接投资文化建设的必要性

中国在“一带一路”沿线的国际直接投资困境，有些是新出现的问题，也有很多是中国在此前的国际投资过程中就遇到过的问题，

因此有很多可供借鉴的来自学界和业界的建议。比如，优化海外投资布局，分散投资目的地，降低过度依赖单一投资场所的风险；多元化投资主体，鼓励社会资本参与“一带一路”的建设；增加投资领域和项目，不要把投资集中在基础设施领域和其他敏感领域。

以上建议有其合理性，也的确发挥了一定的作用，但实际效果存在一定的局限性。比如，分散投资目的地固然重要，但中国投资流向集中有其政治、经济、历史等原因，并非朝夕之间可以改变；政府一直强调“一带一路”的经济属性，鼓励各类企业借助这一平台进行投资，但中国的国情决定了国企在“走出去”过程中的排头兵地位和作用，当然随着中国投资在“一带一路”沿线的增加和对相应市场的熟悉，作为市场经济主体的民营企业和外资企业也将增加在对应国家的投资；中国企业在全球市场的分工是竞争的结果，是企业自身优势的体现，贸然进入不具备比较优势的领域反而会适得其反。

与此同时，当前中国企业的海外形象还有很大的需要努力提升的空间。比如，在 2013 年针对 16 个新兴市场国家的 100 家增长最快的公司进行的评分中，参评的中国公司总体表现最弱。类似的，这些年针对中国公司在海外破坏环境、损害文化遗产、破坏利益相关者权益的新闻也不绝于耳。

在此背景下，如果能够以合适的方法增强当地居民对中国企业的了解，弱化当地反感情绪的蔓延，为中国企业争取有利的舆论环境，打造民众的良好口碑将会为更长远的结构性改革争取有利的时间，有助于树立中国的大国形象，助力中国梦的实现。

对中国企业“走出去”的过程中更好地履行社会责任、实施文化建设、做中华文化海外使者的论述更多的是从道德层面和国家层面展开的分析，而事实上，这也符合企业的经济利益。当前，主动承担社会责任已经逐渐成为企业参与国际竞争的必备要求。社会责任标准（SA8000）的推行就是一个重要的标志。

SA8000 指的是企业社会责任，涉及童工、工作时间、薪酬、员工福利、工厂管理、消防安全等方方面面。发达国家的跨国公司经过长期的企业社会责任实践，已经积累了良好的实践经验，基于本国国内社会的要求和企业竞争优势的考虑，开始在全球价值链中大力推行

企业社会责任。发展中国家的跨国公司尚达不到发达国家所实行的社会责任标准，但面对来自发达国家跨国公司的竞争，却不得不加紧适应，因为发达国家的跨国公司一旦站上道德的制高点，就很容易赢得包括发展中国家在内的东道国民众的感情支持。这在发达国家的市场更是如此，发达国家的消费者已经形成逐渐固化的印象，即承担社会责任的企业是更符合道义标准的，其应该得到更多的支持，这将影响消费者的最终选择。中国的企业在进入东道国市场的时候一定要在投资环境、政策法规、社会文化等方面占据道德制高点，否则就有可能在投标和市场竞争中处于不利地位。单个企业的行为在国外很容易同国家形象联系起来，进而影响国家的整体形象。因此，构建企业文化责任从小处讲是增加企业市场竞争力的重要手段，从大处讲是提升国家形象和大国担当的具体路径，有利于中国在海外投资的可持续发展。

全球范围内也有着了解中国文化的强烈诉求。“一带一路”之所以能够得到相关经济体的大力支持，文化是其中的重要因素之一。很多国家的领导人对中国的经济发展和社会治理经验充满好奇，希望学习中国的发展道路。比如，2015 年亚美尼亚总统参加博鳌论坛时就拿着《历史的轨迹：中国共产党为什么能?》这本书，想探讨一下中国的执政党为什么能够解决好“一国两制”、为什么能解决 14 亿人的粮食问题。在海外，习近平思想得到了很多高层的认可，比如格鲁吉亚的格鲁吉亚出版社，撰写习近平思想如何治理国家的报告，在议会图书馆举办了习近平思想全球论坛。在美国，《习近平时代》一书进入美国书店重点展示区，大型连锁书店巴诺书店在美国 3000 多个书店里有《习近平时代》《习大大说如何读经典》和《中国梦》等中国主旋律图书，并摆在了最突出的位置进行销售，中国梦课程被列入加州大学伯克利分校必修课程，并于 2015 年 9 月正式开课。各国对中国文化的好奇倒逼中国一定要主动作为，展示中华优秀文化，以便展现真实全面的中国。

2.3.2 中国国际直接投资文化建设的可行性

值得庆幸的是，中国已经有企业在做类似的尝试。以五矿集团为例，在成功收购澳大利亚 OZ 矿业公司主要资产后成立 MMG 公司，并由该公司和当地政府、土著居民三方共同签订了“社区共建”协议，该项目旨在为当地居民提供教育、培训、就业机会，并承诺对当地的文化遗产和环境进行保护。当地原住民目睹了 MMG 分司为促进居民就业和社区建设而做出的努力，那些认为“中国企业仅是为了获取当地资源”的说法从此销声匿迹。[①]

此外，华为也是一个很好的案例。在加纳，华为联合 MTN 加纳基金会，共同为北部地区最大的 Tamale 教学医院捐赠一个初生婴儿重症护理中心，以期为患病的初生婴儿提供一个良好的护理环境；在坦桑尼亚，2015 年华为向当地小学捐赠多媒体教室，包括台式电脑、平板电脑、投影仪、音响系统等电子教学设备，助力坦桑尼亚教育事业的发展，得到坦桑尼亚总理的表扬；在哥斯达黎加，华为联合哥斯达黎加教育部，在位于不同城市的 8 所教育中心设立饮料瓶分类回收机，推动年轻人从回收饮料瓶做起，养成良好的保护环境的习惯，进而影响其家庭和朋友圈，实现人人保护环境的绿色环保氛围，产生了非常积极的社会反响；在匈牙利，华为成功举办未来种子项目（这是华为全球 CSR（企业社会责任）的旗舰项目），邀请 10 位学生和 1 位教授来北京了解中国文化，学习 4G 和 5G 技术，帮助培养本地的科技人才，推动知识迁移，提升人们对于电信行业的了解和兴趣；在摩洛哥，华为联合当地大学建立了当地最大的网络技术机构，成为推广 IP（网络之间互连协议）技术和培养信息通信技术人才的重要机构。[②] 这种方法不仅主动承担了企业的社会责任，树立了良好的企业形象，而且在直接接触中，让当地居民直接感受来自中国企业的善意，避免造谣生事者从中作梗。

上述很多路径被发达国家所广泛采用。日本的企业常常安排国外的青少年到日本实验室参观，严谨先进的实验理念常常给这些年轻人留下深刻的印象，吸引年轻人成为日本企业文化的认同者；德国推出

① 张丽华：“以责任为基石——记中国五矿在 MMG 公司经营过程中的履责实践”，中国矿业网，http：//app. chinamining. com. cn/Newspaper/E_Mining_News_2012/2012 - 06 - 07/1339035681d59704. html

② 根据华为官网（http：//www. huawei. com/cn/）信息整理。

CSR（企业社会责任）战略，关注企业在东道国社会责任的履行，努力保持企业在国内外社会责任履行的一贯性，维护企业履行社会责任的良好形象；美国推出《反海外腐败法》，就跨国公司在东道国的子公司的行贿行为将对母公司进行惩处，以此督促母公司加强对子公司的监管，保证企业的整体形象和长期的盈利能力，维护良好运转的国际市场秩序以及全球公平竞争环境。

很多中国企业已经意识到承担社会责任的重要性，并希望营造良好的舆论氛围和妥善应对公关危机，但苦于没有经验，无从下手，而中国一批文化传媒企业的成长，或将助力中国企业海外文化责任的构建。以民营企业蓝色光标为例，这是一家做营销传播的专业性企业，主营业务包括公共关系、活动管理、广告（包括传统广告和新媒体广告）的电商策略、代运营和国际业务等。2012 年，该公司在美国旧金山成立了蓝色标（美国）。2013 年开始了大举的海外并购进程，投资了英国上市的公关集团 Huntsworth 和英国社交媒体公司 We Are Very Social。通过两笔并购行为，蓝色光标国际业务拓展到全球 30 个国家近 80 个城市。2014 年并购中国香港特区本土最大的广告公司密达美渡，收购美国以工业设计为特色的设计公司 Fuseproject，进一步把产业链延伸到设计领域。在此基础上，该公司还投资美国数字影视动画公司，做全球 3 000 多家主流媒体数据分析，通过分析，洞察到未来产业发展趋势和产品方向，主动分析舆情，提供舆情预警。蓝色光标国际是民营企业的代表，目前的客户还主要是外国企业，但其发展也为我国企业海外市场开拓提供了便捷的咨询渠道。

同时，我们也要充分意识到中国国际直接投资文化建设的长期性和艰巨性，做好心理准备。通过发达国家跨国公司的实践可以看出来，尽管文化建设被认为是一种更为温和、更有利于维护客户忠诚度和获取良好社会舆论支持的方法，但其作用的发挥依赖于良好的企业行为和长期的实践，在此基础上，口碑的打造也需要一段较长的时间。

第3章

中国与“一带一路”相关经济体的文化距离

本章分为两节，首先介绍在区分不同文化价值观时所用到的主要维度，继而计算中国与“一带一路”相关经济体的文化距离，明确中国与“一带一路”相关经济体价值观差异的主要方面。

3.1 文化距离的主要维度

在早期探讨文化对投资的影响时，往往将是否拥有共同语言（Grinblatt 和 Keloharju，2001）、共同宗教（Stulz 和 Williamson，2003）、共同法律根源（Djankov，La Porta et al.，2008）作为文化距离的代理变量。Triandis（1994）曾建议通过四个不同的组成部分——语言、家庭结构、宗教和以人均 GDP 衡量的财富——来衡量国

家文化差异。但随着研究的深入上述代理变量变得不够严谨和不够全面，也催生了更多的针对文化距离的综合评估指标的建立。

3.1.1 Hofstede 文化维度

Hofstede 的经典研究通过 1967—1973 年对 IBM 在 40 个国家的 117000 名员工的调查，归纳出权力距离、不确定性规避、个人主义和男性主义这四个独立的维度，刻画国家间文化差异。需要特别说明的是，各维度评分的高低没有绝对意义，只有比较不同国家的数值大小才有意义。（1）权力距离（Power Distance，PD）维度。该维度刻画了一个社会中权力地位较低的人接受和期待权力不平等分配的程度。其核心是一个社会如何处理人们间的不平等。在得分较高的国家，人们对不平等的接受度较高，愿意接受现在社会的等级安排而不谋求改变；相反，在得分较低的国家，人们则期待权力的更公平的分配。（2）个人主义和集体主义（Individualism versus Collectivism，ID）维度。该维度刻画了一个社会总体关注个人利益而非集体利益的程度。个人主义指人们更倾向一个松散的社会结构，只关心自己和最亲近的人，而集体主义代表着紧凑的社会结构，团队和亲人之间相互关心，并彼此忠诚。该维度得分越高表明个人主义倾向越强，反之则表明集体主义倾向更强。（3）男性主义和女性主义（Masculinity versus Femininity，MA）维度。该维度刻画了一国在追求物质成功方面不同的态度。男性主义的社会更崇尚自信、成功、英雄主义和物质奖励，而女性主义的社会更崇尚合作、谦逊、关心弱者和生活质量。该维度得分越高表明男性主义倾向越强，反之则表明女性主义倾向更强。（4）不确定性规避（Uncertainty Avoidance，UA）维度。该维度刻画了社会成员对不确定性和模糊性感到厌恶的程度。在得分较高的国家，人们的行为和信念更为保守，对非正统行为和想法的容忍度较低；相反，在得分较低的国家，人们对非正统行为和想法则更宽容。

但调查问卷是按照西方价值观设计的，没有能够很好地描述亚洲的情形，而亚洲特别是东亚在 20 世纪末的经济增长强烈地吸引着 Hofstede，他借鉴香港中文大学教授彭麦克（Michael Harris Bond）的思想，在文化维度中添加了第五个维度——长期导向和短期导向

（Long Term Orientation versus Short Term Normative Orientation，LO）维度。该维度刻画了人们在过去、当下和未来之间的态度。在得分较高的国家，人们更愿意节俭和为未来做好准备；相反，在得分较低的国家，人们更愿意尊重传统而对社会的变化持怀疑态度。这一维度最初只有 23 个国家的数据，后经 Minkov 的努力，运用世界价值观调查的数据重新计算，从而取代了早期的研究，重新计算出 93 个国家的数据，形成现在官网提供的数据。正是采用长期导向维度，Hofstede 和 Bond（1988）解释了东亚地区日本、韩国、中国台湾地区、中国香港特区和新加坡的经济增长，并成功预测当时不被看好的中国未来的经济增长（Hofstede 和 Minkov，2010）。

2010 年，文化维度又迎来了第六个维度——放纵倾向和约束倾向（Indulgence versus Restraint，IN）维度。该维度刻画了人们对享受生活的接受程度。该维度得分越高表明放纵倾向越强，社会允许人们尽情释放自我、享受生活带来的乐趣；反之则表明约束倾向越强，社会通过要求人们遵守严格的社会准则而压制自我需求。该维度的官方数据同样只有 93 个国家，是基于世界价值观调查由 Minkov 计算得出的。

Hofstede 的工作具有开拓性的意义，将文化这一抽象的概念变成可以测量的具体指标①，有助于人们了解各国的文化及相互之间的差异，并进一步促进了学界对文化差异的研究。

3.1.2 Schwartz 文化维度

尽管 Hofstede 文化维度具有开拓性的意义，但后来的学者也指出了其存在的许多问题，最具代表性的文献是 Schwartz（1994）。第一，缺少理论依据，仅通过对受访者态度的调查来推断某一价值观是否能够保证研究结果的有效性（王蕙，2013），而且最初的调查目的是指导企业管理者克服文化冲突，这都可能导致对于研究国家之间文化差异而言在问题设置上不够全面。第二，样本的代表性不足。国家样本选取中没有包括阿拉伯国家和非洲的大部分国家，而增加新的国家有

① 可以通过官网 https：//www. geert - hofstede. com/查询各维度数据。

可能带来新的文化维度，或者导致各国的相对排名变化。受访者仅限于IBM的雇员，他们可能具有某些特定的文化特点，由此推论一国的文化特点，其代表性受到质疑，特别是在发展中国家，受访者可能仅能代表受过良好教育的阶层的特点，而非一国整体的文化特点。第三，不同社会文化群体会赋予某一特定的价值观不同的语义，如果某一价值观术语没有相同的含义，那么据此比较不同国家文化，就无法判断其比较结果的有效性。Hofstede的受访者来自不同的国家，使用不同的语言，因此用不同语言翻译调查问卷很难保证问卷内容和意义的对等性和一致性。第四，Hofstede文化维度所受到的另一个广泛质疑就是假设各国文化长期不变，正如Hofstede所说文化是"相对稳定的，因而在短期内不会变化"。① 正是基于这一假设，在1967—1973年调查完成后，其所计算的各维度数据才可以被长期采用。但在此之后，世界发生了很大的变化，企业、资金、人员的大量流动都可能促进国家间的融合，改变各国文化及相互差异（Ohmae，1994）。第五，Hofstede假设一国国内的文化具有一致性，从而文化差异仅存在国与国之间，但由于历史、宗教、民族等原因，一国国内也可能选在多种文化，特别是在疆域广阔的国家。②

Schwartz的研究部分地解决了上述问题。基于理论和实证的研究，Schwartz首先确定了56种文化价值，然后研究哪些价值在不同文化中具有相同的含义，从而将调查的文化价值数量降低为45种。通过让来自67个国家的学校老师和大学生回答问卷，计算各国在45种文化价值上的平均得分，借助统计分析最终确定了7种文化价值以说明不同国家的文化。这7种文化价值进一步被分为3组文化维度，Schwartz（1994）计算出了38个国家和文化簇群在上述各维度上的指标。3组文化维度包括：（1）集体主义（Embeddedness）和个人主义（Autonomy）。该维度代表着一个人在多大程度上是自主的或是嵌入到集体当中的。集体主义代表着维持传统、避免改变。当个人注重

① 按照Hofstede的观点，促使文化距离改变的因素是全球性的，这类因素将同时影响所有受调查国，所以各国间的相对文化距离将保持不变。

② 一个例子是赵向阳、李海等（2015）对中国的研究，将中国的区域文化划分为11个区域，即便按照更为普世的文化价值观（如按照Schwartz的标准）分类，也包括4个价值观类别。

遵守集体规则、讲求同他人的合作时，集体主义的文化将非常显著。个人主义是指个人凭自己的感受做出决策，而不会过多考虑其他人的观点和社会准则，包括工作独立（Intellectual Autonomy）和情感独立（Affective Autonomy）两部分。工作独立代表着对理论、政治或是其他的观点和想法的追求。情感独立代表着努力追求个人愉悦而不顾及他人和社会感受，当然这种独立在很多社会都有底线。（2）变革主义（Mastery）和共存主义（Harmony）。该维度代表着人与自然的关系，前者代表人类自我努力改变现状的文化，而后者代表的是人与环境的和谐共存。（3）等级主义（Hierarchy）和平等主义（Egalitarian）。等级主义代表了不平等的分配权力、资源的程度；相反，平等主义代表了人们愿意牺牲私利促进社会和他人福利实现的程度。由于每组维度均反映了同一文化内容的两个极端，因此实证分析时常常只选择每组维度中的一个维度。

毫无疑问，Schwartz 的指标在理论性、取样、调查和统计方法的严谨性方面都强于 Hofstede 的指标，而且 Schwartz 的指标距今时间更近，可信度也更高（Brett 和 Okumura，1998）。同时，因为 Schwartz 的文化维度覆盖了几乎全部的文化类别，因此该维度也可以用于研究一国国内的文化差异（刘威、肖光恩，2015）。但 Schwartz 的缺点也是显而易见的，特别是其属于静态分析，在第一次调查之后没有更新数据。尽管 Hofstede 的文化维度也是静态的，但多年来，Hofstede 的研究团队一直在持续补充数据，不仅增加了文化维度，而且将研究扩展到更多的国家，但 Schwartz 的数据在 1999 年之后几乎没有更新（Schwartz，1999）。同时，Schwartz 文化维度的应用范围远小于 Hofstede 的研究，这也限制了对 Schwartz 文化维度的全面分析。

3.1.3　世界价值观调查

世界价值观调查（World Value Survey，WVS）是一项非盈利项目，起源于欧洲价值观调查，后在美国密歇根大学 Inglehart 教授的号召下从西欧扩展到全球。WVS 汇集了世界社会科学领域众多学者，自 1981 年开始每 5 年进行一次全球性调查，目前已经分别在 1981—1984 年、1990—1994 年、1995—1998 年、1999—2004 年、2005—

2009年、2010—2014年，对近100个国家进行了6轮调查，形成了对价值观的动态跟踪。该项目的主要研究内容包括人们的政治信任、社会信任、社会参与、宗教信仰以及有关文化和社会发展的相关态度等共200多个调查项目。调查对象是受访国的普通民众，通过统一的概率抽样，使用同一份调查问卷，采用面访的形式完成，据信可以代表世界88%的人口。

通过因子分析，WVS将国家间文化差异归结为如下两个维度：传统价值观与世俗—理性价值观（Traditional values versus Secular - rational values）和生存价值观与自我表达价值观（Survival values versus Self - expression values），并认为这样的两维模型对解释调查问卷中所反映的跨文化差异解释力可达到70%以上。上述两个维度解释了超过70%的调查数据。传统价值观注重宗教、家庭关系，尊重权威和传统家庭观念。在传统价值观得分较高的社会普遍反对离婚、堕胎、安乐死和自杀，这样的社会有着强烈的民族自豪感；世俗—理性价值观与传统价值观相反，从自身实际需要出发对离婚、堕胎、安乐死和自杀的接受度较高。WVS发现几乎全部工业社会都有着从传统价值观向世俗—理性价值观转变的趋势。生存价值观注重经济安全和人身安全，民族自豪感普遍较高，对外来人口普遍缺乏信任和容忍度；自我表达价值观特别注重环境保护，对外来人、同性恋容忍度较高，注重性别平等，经济和政治生活的参与度较高。

按照上述两个文化维度，WVS绘制了全球文化地图。纵轴从下往上代表从传统价值观向世俗—理性价值观的转变，横轴从左到右代表从生存价值观向自我表达价值观的转换。依据2015年完成的第6轮价值观调查全球地图被分成9个相对独立的区域，包括波罗的海三国、儒教亚洲、新教欧洲、东正教欧洲、天主教欧洲、英语国家、南亚国家、非洲伊斯兰国家、拉丁美洲国家。按照得分不同，每个被调查国家分属于不同的区域，比如中国和印度虽然地理距离很近，但在地图上的位置并不临近。津巴布韦、摩洛哥、约旦和孟加拉国是传统价值观和生存价值观评分均较高的代表性国家；美国和多数拉丁美洲的国家以及爱尔兰是传统价值观和自我表现价值观得分均较高的代表性国家；俄罗斯、保加利亚、乌克兰、爱沙尼亚是世俗—理性价值观和生存价值观得分均较高的代表性国家；瑞典、挪威、日本、比利时、荷兰、卢森堡、德国、法国、瑞士、捷克、斯洛文尼亚和一些英语国家都是世俗—理性价值观和自我表达价值观得分均较高的代表性国家。

对比 Hofstede 的调查，WVS 有几个明显的优势：第一，受访者更具代表性。Hofstede 的调查主要针对 IBM 的员工，虽然后期有扩展到非 IBM 员工，但人数很少。WVS 按照人口结构抽取受访者，保证了样本结构同一国人口结构相吻合，更能代表一国整体的文化。第二，时效性不同。WVS 弥补了 Hofstede 文化维度静态而缺乏时效性的缺陷，其调查数据是动态的，体现了价值观受多重因素影响不断变化。第三，问卷设计不同。WVS 开发的调查量表的理论性更强，可信度更高，包括 300 多道选择题，涉及更广泛的调查内容，而且可以根据调查国家的不同对问题进行微调，这也就避免了针对 Hofstede 研究常见的以西方价值观设计问卷的批评。第四，文化维度不同。Hofstede 的研究包括 6 个文化维度，而 WVS 的研究则只有两个文化维度，一个更为具体，另一个则更为直观。即便 Hofstede 教授也承认了 WVS 的先进性，他曾说“如果我重做我的研究，我将运用世界价值观调查”（任钊逸、范徵等，2014），且已经根据 WVS 的研究修正了部分数据，并期待未来能够根据 WVS 研究出新的文化维度。

3.1.4 小结

除了上述 3 种主要的文化维度测量指标，全球领导力与组织行为有效性研究（Global Leadership and Organizational Behavioral Effectiveness，GLOBE）也是普遍采用的一个指标，但因为其在中国的抽样调查仅仅是在上海一个城市进行的（Fu、Wu 等，2008），所以本书不再介绍。此外，“一带一路”沿线的 65 个国家，而在本书所比较的 3 种主要文化维度测量方法中，Schwartz 文化维度覆盖的“一带一路”相关经济体数量最少，故在本书接下来的分析中不再采用。

文化维度提供了国家文化的主要特征，对比每一维度我们也可以了解国与国之间在这一维度上的差异，但我们还需要一个更为直观的指标以测量国与国之间的总体差异，这就是文化距离。最常见的测度

文化距离的公式是 Kogut 和 Singh（1988）提出的：$CD_{jc} = \sum[(I_{ij} - I_{ic})^2/V_i]/n$。其中：$CD_{jc}$代表 j 国和中国之间的文化距离；I_{ij}代表 j 国在第 i 个文化维度上的取值；I_{ic}代表中国在第 i 个文化维度上的取值；V_i代表第 i 个文化维度的方差；n 代表文化维度的数量，在 Hofstede 数据中其值取 6，在 WVS 数据中其值取 2。为了增强研究的稳健性和可信度，本书同时采用 Hofstede 和 WVS 的数据来测度文化距离，进而检验其同对外直接投资之间的相互关系，通过查看不同数据是否能够给出相同或相似的结论，以相互验证在某种程度上建立文化距离影响中国对外直接投资的逻辑链条。

3.2 中国与"一带一路"相关经济体的文化距离

"一带一路"沿线包括 65 个国家（见表 3.1），按照区域划分成所示的 7 组，本节按照地区研究中国同各地区国家的文化差异。截至 2016 年 7 月，Hofstede 官网上总共给出了 102 个国家的文化距离数据，包括 35 个"一带一路"沿线的国家，剔除 6 个维度的数据有缺失的以色列、科威特、阿拉伯联合酋长国、斯里兰卡、尼泊尔 5 国，最终仅剩 30 个国家。

表 3.1　"一带一路"沿线 65 国名单

地区	数量	国家名称
东亚	1	蒙古国
东盟	10	新加坡、马来西亚、印度尼西亚、缅甸、泰国、老挝、柬埔寨、越南、文莱、菲律宾
西亚	18	伊朗、伊拉克、土耳其、叙利亚、约旦、黎巴嫩、以色列、巴勒斯坦、沙特阿拉伯、也门、阿曼、阿拉伯联合酋长国、卡塔尔、科威特、巴林、希腊、塞浦路斯、埃及（北非国家）
南亚	8	印度、巴基斯坦、孟加拉国、阿富汗、斯里兰卡、马尔代夫、尼泊尔、不丹

续表

地区	数量	国家名称
中亚	5	哈萨克斯坦、乌兹别克斯坦、土库曼斯坦、塔吉克斯坦、吉尔吉斯斯坦
独联体	7	俄罗斯、乌克兰、白俄罗斯、格鲁吉亚、阿塞拜疆、亚美尼亚、摩尔多瓦
中东欧	16	波兰、立陶宛、爱沙尼亚、拉脱维亚、捷克、斯洛伐克、匈牙利、斯洛文尼亚、克罗地亚、波黑、黑山、塞尔维亚、阿尔巴尼亚、罗马尼亚、保加利亚、马其顿

资料来源：商务部：《中国对外直接投资统计公报 2014》。

3.2.1 中国和东盟国家的文化距离

Hofstede 的数据只有在国与国之间比较时才有意义，单独的数值不具有意义。表 3.2 计算了东盟主要国家同中国之间在文化距离（CD）和各文化维度上的差异。各文化维度的差异取对应国家同中国在该维度上差值的绝对数。

权力距离（PD）维度方面，中国得分为 80 分，略高于东盟国家的平均水平；同印度尼西亚的权力距离差值最小（2 分），其次是新加坡（6 分）；同马来西亚的权力距离差值最大（20 分），其次是泰国（16 分）。这表明，中国同东盟主要国家都有着较高的对长辈和对权威的遵从，这也是儒家文化圈的共性。从程度上看，马来西亚的评分已经达到 Hofstede 在文化维度上的最高分，对权威的尊重更高，而在泰国这种尊重最低，中国处于中等偏上的位置。

个人主义和集体主义（ID）维度方面，中国同新加坡、泰国、越南的得分相同，都为 20 分；各国的得分都偏低，表明各国的集体主义倾向都更强烈，对企业的忠诚度较高，团队协作性较强，但个体的独立性受到一定限制。

男性主义和女性主义（MA）维度方面，各国的差异较高，中国得分 66 分，高于全部东盟主要国家，是最注重物质成功和经济利益的国家；仅菲律宾同中国的得分相近，其余国家特别是泰国更加注重生活质量，对金钱和财富的态度较轻。这也警示中国企业在东南亚的投资除了经济利益，更要注重社会利益。中国在继续用经济利益和市场潜力吸引周边国家的同时也要更多的承担大国责任、树立大国形象

以赢得周边国家的支持。

表 3.2　　中国与东盟主要国家文化差异和文化距离　　单位：分

	PD	ΔPD	ID	ΔID	MA	ΔMA	UA	ΔUA	LO	ΔLO	IN	ΔIN	CD
印度尼西亚	78	2	14	6	46	20	48	18	62	25	38	14	0.58
马来西亚	100	20	26	6	50	16	36	6	41	46	57	33	1.29
菲律宾	94	14	32	12	64	2	44	14	27	60	42	18	1.40
新加坡	74	6	20	0	48	18	8	22	72	15	46	22	0.56
泰国	64	16	20	0	34	32	64	34	32	55	45	21	2.07
越南	70	10	20	0	40	26	30	0	57	30	35	11	0.68

资料来源：根据 Hofstede 的文化维度数据计算得到。

不确定性规避（UA）方面，中国得分为30分，在所有国家中得分偏低，同越南持平，但高于新加坡（8分）。该项得分越低表明该国对非正统行为越宽容，因而新加坡、中国、越南更能接受外来文化和差异性文化，其规章制度也更具弹性和人性化。[①] 泰国（64分）是所有国家中国得分最高的国家。

长期导向和短期导向（LO）维度方面，中国得分为87分，在所有国家中得分最高，高出第2名新加坡15分，是所有国家中最倾向长期导向的国家，最愿意节俭，因而储蓄率也最高；排名后3位的分别是马来西亚、泰国和菲律宾，储蓄率也是所有国家中相对最低的。

放纵倾向和约束倾向（IN）维度方面，中国得分为24分，在所有国家中得分最低，最偏向约束倾向，愿意遵守社会规则，愿意压抑自我放纵带来的生活乐趣。马来西亚是所有国家中得分最高的，也是最愿意释放自我、享受生活乐趣的国家，这或许同马来西亚多年来的世俗化，宗教影响力下降有直接关系。

从整体文化距离来看，中国同新加坡、印度尼西亚和越南的文化距离最近。东盟主要国家同中国一样，都非常注重团队合作、尊重权威，但东盟主要国家的人们表现出对个人生活更为理性和自由的态

① 对于新加坡，这或许会引起一定的争议，毕竟这是一个被认为高度法治的国家，但在其成立50年间，宪法修改超过40次，展现着其独特的法治，体现着一定的弹性规章制度。

度，不仅关注经济利益，更加注重生活质量，注重放松自我、享受生活乐趣。尽管中国和东南亚国家都是世界上高储蓄率的国家，但中国明显高于东南亚国家。

3.2.2　中国和南亚国家的文化距离

表 3.3 计算了南亚主要国家同中国在文化距离（CD）和各文化维度上的差异。文化距离和各文化维度的差异的计算方法同前文所述。

表 3.3　　中国与南亚主要国家文化差异和文化距离　　单位：分

	PD	ΔPD	ID	ΔID	MA	ΔMA	UA	ΔUA	LO	ΔLO	IN	ΔIN	CD
印度	77	3	48	28	56	10	40	10	51	36	26	2	0.76
巴基斯坦	55	25	14	6	50	16	70	40	50	37	0	24	1.55

资料来源：根据 Hofstede 的文化维度数据计算得到。

权力距离维度方面，中国得分为 80 分，高于印度和巴基斯坦。通常印度被认为是一个种姓制度森严的国家，不平等程度较高，但似乎人们对这种不平等接受的意愿并不高，在所有“一带一路”沿线相关经济体中仅处于中等偏上的位置。

个人主义和集体主义维度方面，中国得分为 20 分，高于巴基斯坦但低于印度。印度的个人主义倾向明显更强，更关心自己和最亲近的人，对团体的忠诚度和归属感较低，而中国和巴基斯坦都非常注重集体利益。

男性主义和女性主义维度方面，各国的得分接近，但中国得分为 66 分，明显高于印度和巴基斯坦，再次成为最注重物质成功和经济利益的国家。

不确定性规避维度方面，中国得分为 30 分，在所有国家中得分最低，表明对非正统行为最宽容，最能接受外来文化和差异性文化，同时中国主要的施政原则也被描述为“人治”，正处于向“法治”转换的过程中。

长期导向和短期导向维度方面，中国得分为 87 分，极大地超过了其他国家的得分，是所有国家中最倾向长期导向的国家，最愿意节

俭，最愿意牺牲今天的消费以换取明天的消费。

放纵倾向和约束倾向维度方面，巴基斯坦得 0 分，是 Hofstede 调查的所有国家中得分最低的国家，表现出极大的约束倾向，表明宗教影响在该国达到极致，深刻地影响着人们的生活，拒绝放纵、拒绝纵欲。中国得分为 24 分，同印度接近，也属于约束倾向较强的国家。

从整体文化距离来看，中国同印度的文化距离更近，特别是在权力距离与放纵倾向和约束倾向方面；同巴基斯坦的文化距离更远，尤其体现在不确定性规避与长期导向和短期导向方面。东南亚和南亚都是 21 世纪海上丝绸之路沿线的重要国家，相比而言，中国同东南亚的新加坡、印度尼西亚、越南、印度的文化距离更低（ <1），这或许是中国企业在当地得天独厚的一个优势。

3.2.3　中国和埃及、西亚国家的文化距离

表 3.4 计算了埃及、西亚主要国家同中国之间在文化距离（CD）和各文化维度上的差异。文化距离和各文化维度的差异的计算方法同前文所述。

表 3.4　　中国与埃及、西亚主要国家文化差异和文化距离　　单位：分

	PD	ΔPD	ID	ΔID	MA	ΔMA	UA	ΔUA	LO	ΔLO	IN	ΔIN	CD
埃及	70	10	25	5	45	21	80	50	7	80	4	20	3.25
伊朗	58	22	41	21	43	23	59	29	14	73	40	16	2.61
伊拉克	95	15	30	10	70	4	85	55	25	62	17	7	2.42
约旦	70	10	30	10	45	21	65	35	16	71	43	19	2.38
黎巴嫩	75	5	40	20	65	1	50	20	14	73	25	1	1.92
沙特阿拉伯	95	15	25	5	60	6	80	50	36	51	52	28	2.06
土耳其	66	14	37	17	45	21	85	55	46	41	49	25	2.19

资料来源：根据 Hofstede 的文化维度数据计算得到。

权力距离维度方面，中国得分为 80 分，属得分较高的国家，仅次于沙特阿拉伯和伊拉克，同黎巴嫩、埃及、约旦的差距较小。

个人主义和集体主义维度方面，中国得分为 20 分，在所有国家中得分最低，是最注重集体利益的国家，西亚各国整体也都是非常注

重集体主义的国家，得分全部低于50分。

男性主义和女性主义维度方面，中国得分为66分，仍然是各国中比较注重物质成功和经济利益的国家，仅次于伊拉克，但整体而言各国也都非常注重经济利益，得分大多高于50分。

不确定性规避维度方面，中国得分为30分，在所有国家中得分最低，表明对非正统行为最宽容，最能接受外来文化和差异性文化，施政原则也最为灵活。多数国家得分非常高，表明域内各国的人们的行为和信念是非常传统的，并且比较统一，对差异性文化的不信任感非常强，渴望回避不确定性。

长期导向和短期导向维度方面，中国得分为87分，极大地超过了其他国家的得分，是所有国家中最倾向长期导向的国家。各国具有普遍的短期导向，倾向于今天消费而不愿意储蓄，这一方面受宗教影响，另一方面也同当地丰富的石油资源有关。

放纵倾向和约束倾向维度方面，中国得分为24分，同各国的得分比较接近，都属于约束倾向较强的国家。黎巴嫩（1分）和伊朗（7分）在这方面是非常突出的，约束倾向非常强。尽管各国多是伊斯兰国家，但在世俗化高的国家这种约束倾向正在变弱。

从整体文化距离来看，中国同西亚各国的文化距离明显远于东南亚和南亚各国，这主要是由不确定性倾向和长期导向所导致的。

3.2.4 中国和独联体国家的文化距离

表3.5计算了独联体的俄罗斯和乌克兰同中国之间在文化距离（CD）和各文化维度上的差异。文化距离和各文化维度的差异的计算方法同前文所述。

表3.5　　中国与独联体代表国家文化差异和文化距离　　单位：分

	PD	ΔPD	ID	ΔID	MA	ΔMA	UA	ΔUA	LO	ΔLO	IN	ΔIN	CD
俄罗斯	93	13	39	19	36	30	95	65	81	6	20	4	2.17
乌克兰	92	12	25	5	27	39	95	65	55	32	18	6	2.66

资料来源：根据 Hofstede 的文化维度数据计算得到。

权力距离维度方面，中国得分为80分，略低于俄罗斯和乌克兰，可以说3个国家都渴望出现国家和民族的强者，对权威的尊崇程度较高。

个人主义和集体主义维度方面，中国得分为20分，略低于俄罗斯和乌克兰，可以说3个国家都偏向集体主义，认同集体归属感，并愿意为此放弃个人的一些自由。

男性主义和女性主义维度方面，中国得分为66分，明显高于俄罗斯和乌克兰，毫无争议的再次成为最看重物质收益和经济生活的国家。

不确定性规避维度方面，中国得分为30分，明显低于俄罗斯和乌克兰，表明中国属于对不确定行为（如外来文化）较宽容的国家，而独联体的国家则是对外来文化比较排斥的国家，希望尽可能避免所有的不确定性。

长期导向和短期导向维度方面，俄罗斯得分为6分，属于非常希望当期消费而不愿储蓄的国家。

放纵倾向和约束倾向维度方面，中国得分为24分，略高于俄罗斯和乌克兰，3个国家的人们同属于尊重社会约束、约束自我需求的国家。

整体而言，中国同俄罗斯和乌克兰的文化距离接近，差异主要源于不确定性规避和男性主义方面。中国同独联体国家的文化距离虽远于同东南亚国家的文化距离，但在中国同各国的文化距离中仍属中等水平。

3.2.5　中国和希腊、中东欧国家的文化距离

中东欧国家之间展现出了非常大的文化差异。为此本书按照地理位置进一步将中东欧国家分成3组：第一组包括波罗的海的3个国家，位于北部地区，包括爱沙尼亚、拉脱维亚、立陶宛；第二组包括中部的4个国家，它们也是维谢格拉德集团的4个成员，包括匈牙利、波兰、捷克和斯洛伐克；第三组是位于最南部的国家，包括阿尔巴尼亚、保加利亚、克罗地亚、塞尔维亚、罗马尼亚、斯洛文尼亚。

表3.6计算了希腊、中东欧国家同中国之间在文化距离（CD）

和各文化维度上的差异。文化距离和各文化维度的差异的计算方法同前文所述。

表 3.6　　中国与希腊、中东欧主要国家文化差异和文化距离　　单位：分

国家	PD	ΔPD	ID	ΔID	MA	ΔMA	UA	ΔUA	LO	ΔLO	IN	ΔIN	CD
希腊	60	20	35	15	57	9	100	70	45	42	50	26	2.80
波罗的海国家													
爱沙尼亚	40	40	60	40	30	36	60	30	82	5	16	8	2.15
拉脱维亚	44	36	70	50	9	57	63	33	69	18	13	11	3.46
立陶宛	42	38	60	40	19	47	65	35	82	5	16	8	2.65
中部 4 国													
匈牙利	46	34	80	60	88	22	82	52	58	29	31	7	3.17
波兰	68	12	60	40	64	2	93	63	38	49	29	5	2.79
捷克	57	23	58	38	57	9	74	44	70	17	29	5	1.54
斯洛伐克	100	20	52	32	100	34	51	21	77	10	28	4	1.26
南部国家													
阿尔巴尼亚	90	10	20	0	80	14	70	40	61	26	15	9	0.95
保加利亚	70	10	30	10	40	26	85	55	69	18	16	8	1.62
克罗地亚	73	7	33	13	40	26	80	50	58	29	33	9	1.59
塞尔维亚	86	6	25	5	43	23	92	62	52	35	28	4	2.05
罗马尼亚	90	10	30	10	42	24	90	60	52	35	20	4	2.04
斯洛文尼亚	71	9	27	7	19	47	88	58	49	38	48	24	2.95

资料来源：根据 Hofstede 的文化维度数据计算得到。

权力距离维度方面，波罗的海国家的权力距离相对较低，表明不管是在家庭中还是社会中，人们更愿意接受平等的状态，而南部国家更愿意接受权威，中部 4 国的表现介于两者之间，但有一个例外，就是斯洛伐克，该国对权威的尊重达到最高分。中国的得分接近于南部国家。

个人主义和集体主义维度方面，波罗的海国家和中部 4 国比较接近，都是更倾向个人主义的国家，而南部国家属于集体主义主导的国家。中国的情况仍然接近南部国家，不过也是所有国家中得分最低的国家。

男性主义和女性主义维度方面，波罗的海国家和除阿尔巴尼亚以外的南部国家都属于更关心弱者及崇尚合作和精神生活的国家，而中部4国则同中国的情形更相似，属于更崇尚物质生活和崇拜经济成功者的国家。

不确定性规避维度方面，所有中东欧国家都倾向于更正统的想法和行为方式，信念较保守，非常希望规避不确定性，而中国则属于对不确定性没有强烈规避意愿的国家。

长期导向和短期导向维度方面，除拉脱维亚和斯洛文尼亚表现出较弱的偏向即期消费的观念外，所有中东欧国家和中国都表现出很强的关心未来生活，希望多储蓄的意愿。

放纵倾向和约束倾向维度方面，中国和所有中东欧国家相似，都属于对个人欲望的社会约束较低的国家，普遍追求个人欲望的满足。

从整体文化距离来看，中国同各国的文化距离都不算远，但同阿尔巴尼亚、斯洛伐克、捷克、克罗地亚、保加利亚的距离非常近。

3.2.6 小结

通过前文的分析可知中国同海上丝绸之路沿线的经济体具有更近的文化距离，特别是东南亚的国家；陆上丝绸之路，同中东欧的部分国家的文化距离也很近。应该看到，中国同现在主要的贸易和投资国家的文化距离普遍远于同“一带一路”相关经济体的文化距离，比如同英国的距离是3.45，同美国是4.19，同日本是2.39，同澳大利亚是4.62，这都构成了中国同“一带一路”相关经济体贸易和投资的有利条件。当然，单纯的文化距离的远近不可能决定贸易和投资的方向，但是毫无疑问，文化距离接近有可能带来中国企业在进入东道国时的便利。

第 4 章 中国与“一带一路”相关经济体的文化贸易和文化多样性

第 3 章通过文化距离测度了中国与“一带一路”相关经济体的价值观差异，而文化分成多个层次。如果说价值观属于不可轻易改变的部分，那么本章即将讨论的文化贸易就是对风俗习惯的沟通，以及由此所带来的彼此间的好感。

4.1 中国文化产业发展现状

迄今为止，各国对文化产业的定义和称谓差异较大：美国称其为版权产业，强调了保护知识产权是促进文化产业发展最重要的举措；日本称其为内容产业，以强调内容制作对文化产业的重要意义；英国一度使用文化产业一词，后在 20 世纪末改名为创意产业，以突出创意的重要性。分歧的产生不仅在于文化产业发展较晚，各国尚未形成统一的认识，而且也因为不同经济发展水平的国家对文化有着不同的诉求。目前，国际上使用较广的定义是由联合国教科文组织给出的，认为文化产业是“按照工业标准生产、再生产、储存以及分配文化产品和服务的一系列活动”。中国定义文化及相关产业是“为社会公众提供文化产品和文化相关产品的生产活动的集合”，包括：（1）以文化为核心内容，为直接满足人们的精神需要而进行的创作、制造、传播、展示等文化产品（包括货物和服务）的生产活动；（2）为实现文化产品生产所必需的辅助生产活动；（3）作为文化产品实物载体或制作（使用、传播、展示）工具的文化用品的生产活动（包括制造和销售）；（4）为实现文化产品生产所需专用设备的生产活动（包括制造和销售）。

4.1.1　中国文化产业发展概况

中国是文化资源丰富的国家，尽管传统文化在进入20世纪以后由于社会的变迁发生了巨大的变化，但今天的中国文化仍然保留着传统文化的某些优良的特征，从这个意义上说，中国的文化传统始终保持着承续的关系。这使得中国拥有发展文化产业的先天资源，不仅在有形文化遗产方面，在无形文化遗产方面也有着可观的资源。中国于1987年加入《保护世界文化与自然遗产公约》，并于当年开始申报世界遗产的工作，同年就有6个项目获得成功申报。到2015年，经联合国教科文组织审核被批准列入《世界遗产名录》的中国世界遗产总共有48项，包括自然遗产10项，文化遗产34项，自然与文化遗产4项，含跨国项目1项，在数量上居世界第2位，仅次于意大利。中国是世界上拥有世界遗产类别最齐全的国家之一，也是世界自然与文化双遗产数量最多的国家，其中首都北京拥有7项世界遗产，是世界上拥有遗产项目数最多的城市。

根据国际经验，当人均GDP超过3000美元时，文化消费会快速增长；接近或超过5000美元时，文化消费则会井喷。2008年，中国人均GDP首次超过3000美元；2011年，中国人均GDP首次超过5000美元，文化消费需求迅猛增长。与此同时，中国文化产业初具规模并成体系。2004—2013 年，文化企业法人单位增加了近 2 倍（见图 4.1），从业人员增加了 1 倍，资产总额增加了 4.6 倍，主营收入增加了 4.1 倍，增加值增加了 4.8 倍。2014 年全年新登记注册文化、体育和娱乐业企业同比增长 83.51%，高出全国同期新登记注册水平 4%；2015 年上半年全国新登记注册文化、体育和娱乐企业同比增长 68.5%，高于全国新登记注册 19.4% 的增幅，增幅近 50 个百分点。①

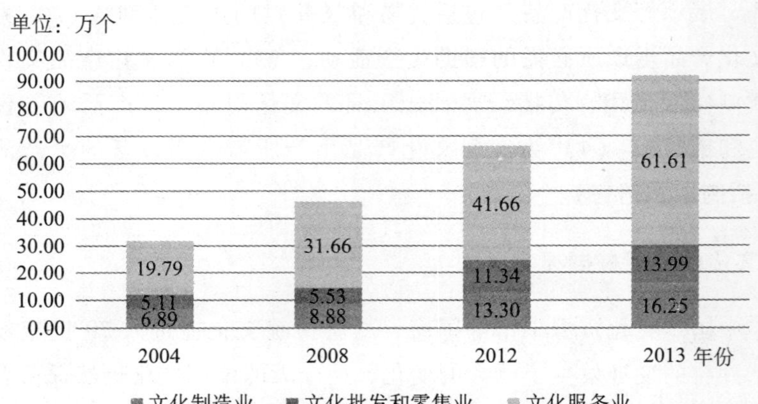

图 4.1　中国文化及相关产业法人单位数

资料来源：《中国文化及相关产业统计年鉴—2014》。

来自国家统计局的数据显示，根据《文化及相关产业分类（2012）》和《文化及相关产业增加值核算方法》，2014 年全国文化及相关产业增加值 23940 亿元，比上年增长 12.1%，比同期 GDP 现价增速高 3.9 个百分点；占 GDP 的比重为 3.76%，比上年提高 0.13 个百分点（见图 4.2），表明文化产业在促进经济增长和转变经济结构中发挥了积极作用。按照文化部"十三五"规划建议，到 2020 年，文化产业占 GDP 的比重将达到 5%，从而按照通常的国际标准，成为中国经济的支柱性产业。届时，中国文化产业的增加值比重将接近世界主要国家（见表 4.1）。

① "文化部看好文化金融创新"，2015 - 11 - 06/2015 - 11 - 30，http：//www.huobaole.com/a/zimeiti/shouji/2015/1106/1063.html。

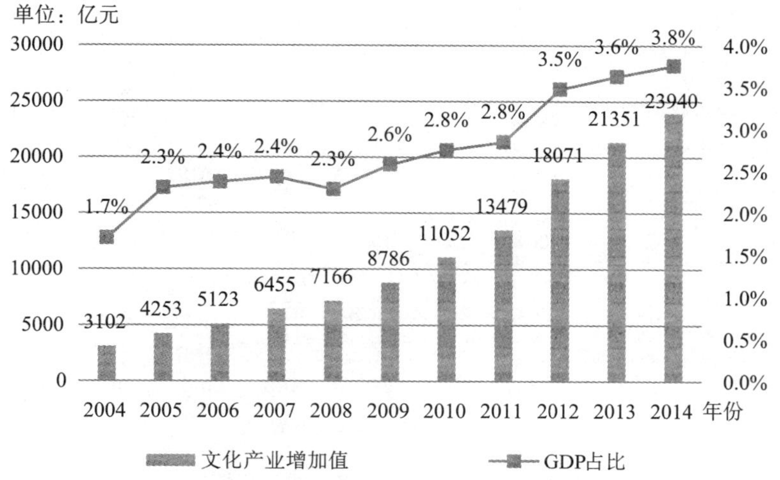

图 4.2　中国文化产业占 GDP 的比重

资料来源：国家统计局。

表 4.1　　世界主要国家文化产业增加值占 GDP 的比重　　单位:%

国家	年份	增加值比重	国家	年份	增加值比重
美国	2012	11.25	菲律宾	2006	4.82
韩国	2012	9.89	墨西哥	2006	4.77
巴西	2003	7.90	阿根廷	2013	4.70
澳大利亚	2011	6.60	芬兰	2010	4.60
新加坡	2007	6.19	坦桑尼亚	2012	4.56
俄罗斯	2007	6.06	保加利亚	2011	4.54
荷兰	2009	5.90	泰国	2012	4.48
马来西亚	2008	5.70	印度尼西亚	2013	4.11
罗马尼亚	2008	5.55	南非	2011	4.11
加拿大	2004	5.38	乌克兰	2008	2.85
英国	2012	5.20	秘鲁	2009	2.67

资料来源：《中国文化及相关产业统计年鉴—2014》。

4.1.2　中国文化贸易发展概况

2005 年核心文化产品出口额仅 78.9 亿美元，2013 年增长到 251.3 亿美元（见图 4.3）。近 10 年来，中国文化产品出口的稳步增长，特别是 2010 年以来的迅猛增长，一方面是因为国内文化需求的增加带动文化产业的发展，中国文化产品的国际竞争力增强，另一方面也标志着世界对中国文化的接受程度不断提高。

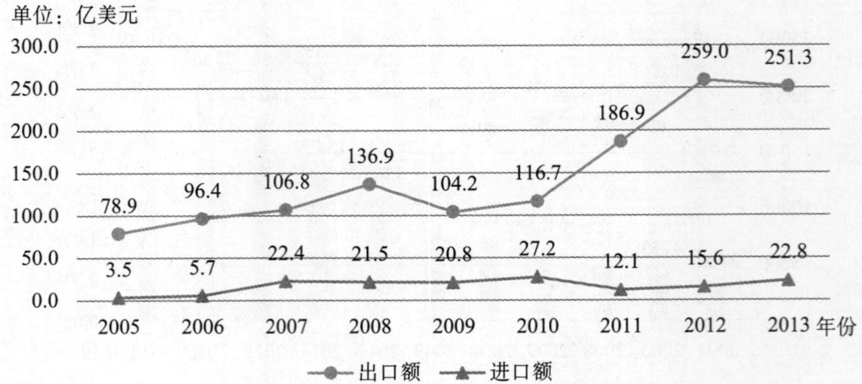

图 4.3　中国核心文化产品进出口情况

资料来源：《中国文化及相关产业统计年鉴—2014》。

图 4.4 给出了中国核心文化产品出口的构成，视觉艺术品占据明显的主导地位。这同世界市场文化产品的出口结构有明显不同（见图 4.5）。在世界市场上，设计产品占据绝对的优势地位，出版、新媒体、音像产品和工艺品的出口金额也大致同视觉艺术相当。世界市场上，视听制品被视为最容易影响各国的文化凝聚力和自我认同的文化产品，是各国文化保护最集中的领域。中国的文化产品出口过度集中在视听产品容易形成出口瓶颈，引发别国的担心。

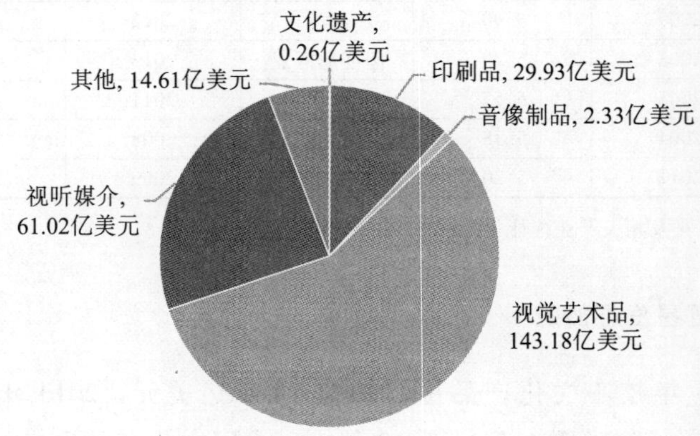

图 4.4　2013 年中国核心文化产品出口类别

资料来源：《中国文化及相关产业统计年鉴—2014》。

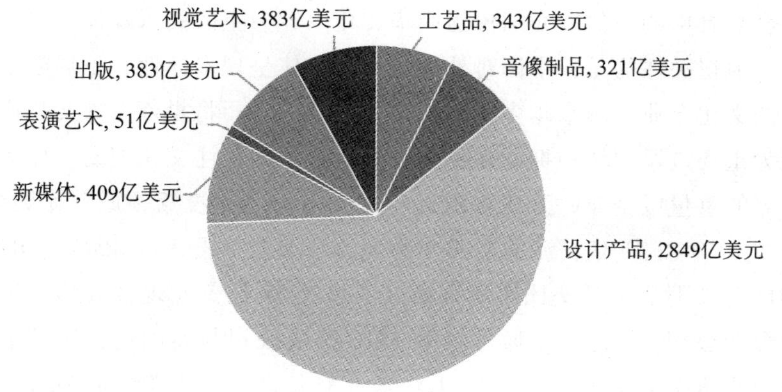

图 4.5 2012 年世界文化产品出口类别

资料来源：《中国文化及相关产业统计年鉴—2014》。

从地区分布上，尽管中国的海外文化贸易已经遍布五大洲，但我国的主要文化贸易伙伴是发达国家和文化亲近国家（地区），包括美国、日本、韩国、中国香港特区、中国台湾地区、新加坡等。这或许是因为成熟的市场和完善的法律环境是对外文化投资收益的重要保障的缘故。作为国际文化传播公司，北京华韵尚德经过调研和初期实践，确定了以欧洲中心——德国为突破点，开辟出一条以外国人的视角、利用境外主流电视及网络媒体平台全方位展示真实中国的新途径。公司开创性地与 6 家德国主流电视台合作，买断了每台日播 30 分钟时段，每天累计播出 3 小时的中国专题节目，向德国观众介绍中国在政治、经济、文化等领域的发展情况以及中国的社会民生、美食健康、旅游名胜等。

从主体上看，国有、民营和混合所有制企业、社会组织等共同构成活跃的对外文化贸易主体。国有大型文化企业由于自身的政策和资金优势，在海外文化投资中一直占据重要地位。同时，民营文化企业因无官方色彩、市场化程度高，更注重了解消费者的需求等自身优势，在对外文化贸易中表现更加活跃。2009 年蓝海电视台取得落地纽约的资格，成为首家面向美国主流市场使用英文播出中国文化为内容的节目的海外电视频道。目前，蓝海电视台北美卫星频道覆盖了美国、加拿大，以及大洋洲的澳大利亚、新西兰等，已成长为西方主流社会颇具影响力的以介绍传播中华文化内容为主的民营媒体。

值得关注的是，中国对外文化投资主体呈现多样性，不局限于狭义的文化企业，越来越多实行多角化经营的公司将投资海外文化产业视为重要进军领域，抑或在主营投资业务之外关注文化贸易。作为地产界的重量级企业，万达集团近年来在对外文化投资领域动作频频。继 2012 年以 26 亿美元的金额并购美国第二大院线 AMC 影院公司后，2016 年 1 月，万达集团再次宣布以不超过 35 亿美元现金收购美国传奇影业公司，3 月更是通过旗下 AMC 影院公司与美国连锁影院卡麦克影业达成了收购协议，以 11 亿美元对其进行了收购，成为世界上第一大连锁电影院线，其全球电影产业的版图持续扩大。同样，作为中国的电子商务领域巨头之一，阿里巴巴在文化传媒领域的投资和并购也越来越密集。2015 年，阿里巴巴影业集团宣布与美国派拉蒙影业公司签署合作协议，同时宣布将与更多的影业公司尝试投资、发行以及电商等方面的合作。

在对外贸易的基础上，我国的对外文化投资也在有条不紊地进行中。尽管没有精确的统计，但文化投资已经覆盖所有核心领域，并进一步带动中华文化的海外之旅。在图书出版领域，早在 2008 年，人民卫生出版社就制定并实施了“走出去”战略，在美国投资成立分公司，以中国特色的中医学为突破口，出版了以英文为主的多种外语版中、西医图书，销往世界各地，且与美国子公司共同在世界主要地区建立了传统发行渠道，并利用国际书展等平台，实现对出版产品的持续性宣传。在演艺方面，作为国内颇具影响力的音乐公司，摩登天空在 2014 年首次使中国本土音乐节登陆纽约中央公园，并获得了《纽约时报》等知名美媒的强烈关注与好评。2015 年摩登天空更是加快扩张速度，不仅举办了芬兰赫尔辛基摩登天空音乐节，还跨越了美国东西海岸，再次登陆纽约和西雅图。影视方面，2016 年 2 月，完美环球与美国环球影业共同宣布，完美环球通过下设基金的海外子公司完美环球投资股份有限公司与环球影业达成片单投资及战略合作协议，完美环球将在接下来 5 年参与环球影业出品的几乎所有电影项目，按投资比例获得每部影片的全球权益。在动漫网游领域，2008 年以来，完美世界分别在美国、荷兰、马来西亚、韩国、日本等地设

立子公司。2010 年完美世界在海外收购了美国游戏开发公司 Runicgames，2011 年又成功收购美国游戏开发商 Crypticstudio。海外直接投资为其网络游戏的全球研发、发行提供了更多便利。

目前，我国文化创意产业走向国际主要存在以下几个方面的问题。第一，相比我国其他对外贸易的快速发展，文化产品的出口明显处于劣势地位。2014 年我国货物贸易总额约为 26.4 万亿元（人民币），而核心文化产品的进出口与其之比约为 0.057%。[①] 第二，文化产品出口市场较为集中。第三，出口类型主要集中在一些知识含量较低的文化产品，且主要依赖传统文化资源开展产品和服务的提供，知识含量较高的自然和科学技术类文化产品非常少，缺乏以设计、创意为源泉的产品和服务。第四，文化产品出口企业以中小企业为主，整体实力不强。第五，文化服务的竞争力还比较缺乏，比如我国全部海外商业演出的年收入不及加拿大太阳马戏团 1 年的海外演出收入。[②] 第六，统计信息的不完善。目前，文化和旅游部、国家统计局等主要官方机构仅公布核心文化产品的进出口数据，这或许是因为核心文化产品更能代表一国文化产业的国际竞争力，但也出现了信息不充分的问题，比如我们只能从联合国获知中国文化产品的出口地区分布。

4.1.3 文化例外和文化多样性

谈到文化贸易绕不开文化例外和文化多样性这两个术语，两者在客观上都构成了对文化产业的保护，阻碍了文化贸易的自由化，形成文化贸易的特殊性。文化例外是指在国际自由贸易体制下，基于文化意识形态属性和产业属性的双重属性，而将其排除在贸易自由化的谈判之外，不适用有关的自由贸易法律规则。文化例外是各国保护民族文化的主要依据，也是文化领域的国际投资不同于其他领域国际投资的主要国际依据。

法国和加拿大是文化例外最积极的倡导者。在乌拉圭回合谈判期间，美国大力推进文化领域的开放，而法国则在谈判的最后时刻联合

---

① 金巍：《梅花与牡丹："一带一路"背景下的中国文化战略》，中信出版社 2016 年版。

② 金巍：《梅花与牡丹："一带一路"背景下的中国文化战略》，中信出版社 2016 年版。

加拿大提出文化例外，坚决反对将文化列入一般性服务贸易，并迅速得到多数成员国的支持。尽管世界贸易组织（WTO）框架下并未明确提出文化例外，但第4条关于电影的特殊规定、第20条关于对国家文化关系重大的商品的例外、在最惠国待遇方面的豁免、在市场准入和国民待遇义务方面的单独承诺，仍然为文化例外留下了一定空间。自此，文化例外原则为越来越多的国家和民族所了解和熟识，也在贸易谈判和实践中得到多次运用，成为保护本国文化产业的一项工具。

对文化例外的观点，有支持也有反对。支持的一方认为，根据联合国教科文组织的调查报告，世界文化贸易和投资主要发生在少数发达国家之间，呈现出很大的不平衡性，且这种不平衡性集中体现为美国文化产品和服务的全球扩张，并通过文化产品的大量输出，向其他国家渗透其意识形态和价值观念。美国的流行文化大潮无疑对进口国的文化安全造成了威胁，文化同质化可能会使这些国家逐渐模糊本民族的文化特色，弱化其特有的文化身份，破坏文化的完整性。所以，将文化产品和服务排除在贸易自由化之外，根据文化例外给予文化产业适当的保护是必要的。反对的声音也很大。他们认为，对于文化的发展来说，最为重要的不是对所谓优秀的文化及真理进行扶持，而是要营造与维护一个能够让各种声音自由表达的环境，同时这也保证了受众能够有充分的选择机会。

针对文化例外的批评直接推动了文化多样性的提出，并以2005年联合国教科文组织通过《保护和促进文化表现形式多样性公约》为标志，成为影响文化贸易的又一因素。文化多样性指各群体和社会借以表现其文化的多种不同形式。这些表现形式在他们内部及其间传承。文化多样性不仅体现为人类文化遗产通过丰富多彩的文化表现形式来表达、弘扬和传承的多种方式，也体现为借助各种方式和技术进行的艺术创造、生产、传播、销售和消费的多种方式。正如联合国所说“作为一种交流、创新和创造的源泉，文化多样性对于人类就像生物多样性对于自然界一样是必不可少的，从这个意义上说，文化多样性是人类的共同遗产，应该为了当今和未来时代人类的利益而予以承认和肯定”。

文化多样性比文化例外有着明显的进步，因为对于文化的发展来说，最为重要的不是对所谓优秀的文化及真理进行扶持，而是要营造与维护一个能够让各种声音自由表达的环境，同时这也保证了受众能够有充分的选择机会。在全球化的进程中，文化多样性的保护普遍面临着严峻的挑战。许多优秀的文化有的淡出历史舞台，有的已经被破坏得面目全非，有的奄奄一息。更为重要的是，在一些地方，多样文化流失的过程，却恰恰是以文明和进步的正当之名完成的，这是十分可悲的。保护文化多样性的努力不管是来自政府还是民间都值得称赞。以中国的文化遗产保护为例，国家出台一系列法律保护文化遗产，有许多省也出台文化遗产尤其是非物质文化遗产保护条例，这样做的成果是显著的。2004 年，中国有 5 处世界遗产被列入《濒危世界遗产名录》评估单，成为受评估遗产最多的国家之一。2012 年，经过更新的《濒危世界遗产名录》中没有中国的世界遗产。

4.2 中国与"一带一路"相关经济体文化贸易现状

4.2.1 "一带一路"相关经济体文化市场

"一带一路"沿线的许多经济体早已迈过人均 GDP 5000 美元的门槛，各国文化消费市场繁荣发展。图 4.6 计算了中国和"一带一路"相关经济体在 2003—2012 年文化产品进口占世界文化产品总进口的比重，以此衡量"一带一路"沿线文化市场的规模。可以看出，2003 年"一带一路"沿线的文化市场仅约占 8.38% 的国际市场比重，但到了 2012 年这一比重已经上升到 17.32%。即便剔除中国的影响后，这一比例也是从 8.05% 上升到 14.03%。这一方面表明各国文化消费市场活跃，另一方面也预示着文化贸易在增进双边和多边民众好感方面可以起到的重要作用。

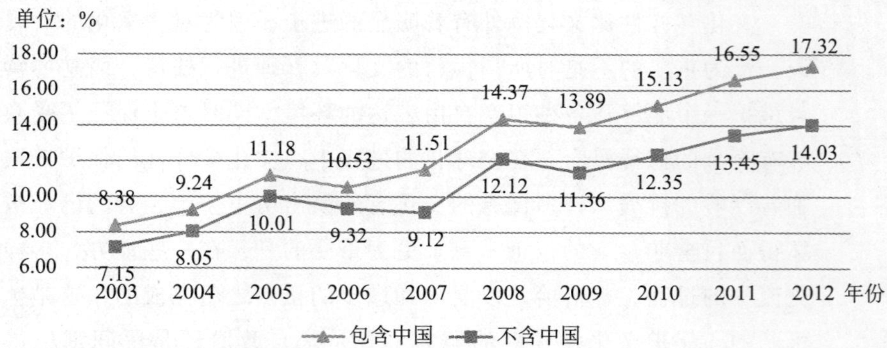

图 4.6　中国和“一带一路”相关经济体文化产品进口占世界文化产品总进口的比重

资料来源：根据 UNCTAD 创意产业数据库数据计算。

图 4.7 显示了中国和“一带一路”相关经济体文化产业出口所占的市场份额，以此来衡量各国文化产业的市场竞争力。可以看出，2003—2012 年，中国和“一带一路”相关经济体文化产业的出口能力不断增强，从最初的仅占世界市场 28.24% 的比重上升到 2012 年的 49.95%，几乎占据世界文化贸易出口的半壁江山。其中，中国贡献明显，在剔除中国的数据后，“一带一路”相关经济体的文化产品出口占比从 11.18% 提高到 18.04%。“一带一路”相关经济体大多有着悠久的历史和丰富的文化资源，文化创意产业实力雄厚。

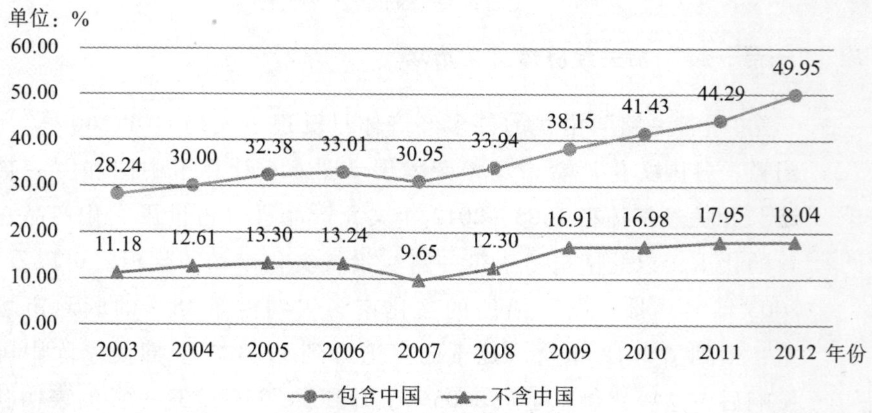

图 4.7　中国和“一带一路”相关经济体文化产业出口所占市场份额

资料来源：根据 UNCTAD 创意产业数据库数据计算。

4.2.2　中国同"一带一路"相关经济体的双边文化贸易

图4.8揭示了中国在2003—2012年对"一带一路"相关经济体文化产品出口的数额和占中国文化产品出口的比重。其中，出口比重缓慢上升，从2003年的10.59%上升到2012年的18.29%，出口数额从2003年的40.44亿美元上升到2012年的276.44亿美元。许多中国企业也已经在相关经济体取得突出成绩，比如四达时代集团已在卢旺达、尼日利亚、坦桑尼亚、肯尼亚、南非等30个国家注册成立公司，在16个国家开展运营，用户超过700万个，成为目前非洲唯一拥有地面电视平台、直播卫星平台、节目中继平台，并在非洲英、法、葡三大语区同时开展数字电视和付费电视运营的运营商。

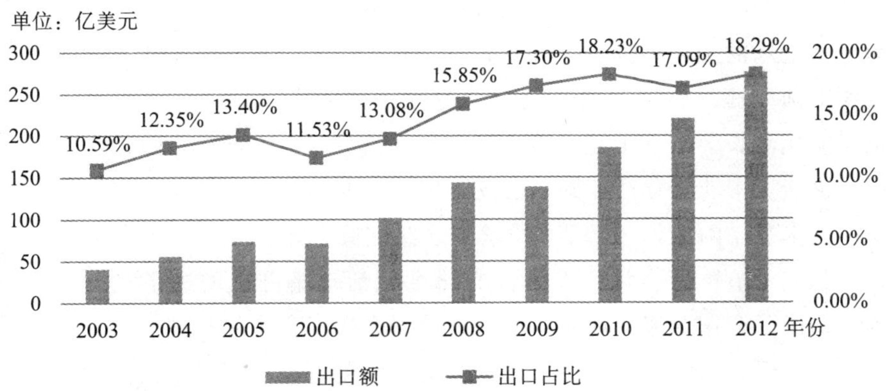

图4.8　中国对"一带一路"相关经济体文化产品出口额和出口比重

资料来源：根据UNCTAD创意产业数据库数据计算。

从国别地区流向看，中国文化产品流向相对集中，俄罗斯、马来西亚、阿拉伯联合酋长国、新加坡、沙特阿拉伯、印度、印度尼西亚、泰国、波兰等国是我国文化产品出口接近或超过10亿的国家。其中，海上丝绸之路相关经济体的比重较大，这也与我国整体的文化贸易地区分布基本吻合，即集中在发达国家和周边国家。通过观察近年来双边文化贸易的增长率可以发现，海上丝绸之路相关经济体也是中国文化产品出口增长较快的国家。但这也说明如果要提升文化贸易的影响，陆上丝绸之路或是短板，其中阿拉伯联合酋长国和沙特阿拉伯可以起到沟通的作用，两个国家都是阿拉伯世界中文化包容性和国际竞争力排名前列的国家，也被我国许多省份如陕西、湖南视为中东贸易的桥头堡。此外，有些传统上被认为是“一带一路”重要节点国、同中国经贸关系融洽、地缘政治地位重要的国家和地区并非中国文化贸易的主要输出地，比如巴基斯坦、埃及、哈萨克斯坦等，这也是值得关注的。

4.2.3 中国同“一带一路”相关经济体的双边文化交流

“文明因交流而多彩，文明因互鉴而丰富”。在广泛的文化贸易之外，文化交流也是时常采用的国际交往手段。2015 年，仅文化部的“欢乐春节”活动就到访全球 118 个国家和地区的 320 余个城市，举办了超过 800 个交流项目，活动吸引了众多海外民众的热情参与，成为享誉全球的文化品牌。此外，仅在 2015 年国家层面就有“汉学与当代中国”座谈会、中法文化高峰论坛、中俄文化论坛、上海合作组织文化部长会晤、东盟—中日韩文化部长会议、中国—阿拉伯文化部长论坛、中非文化产业圆桌会议、中国南非国家年、拉丁美洲及加勒比艺术季、阿拉伯艺术节、“丝绸之路国际艺术节”“海上丝绸之路国际艺术节”等会议、综合性文化主题活动举办，增进了相互了解，畅谈了合作交流，加深了民众感情，夯实了合作的基础。

城市层面，以北京市为例，北京市文化底蕴深厚，不仅是四大古都之一，拥有七大世界文化遗产，是全国世界文化遗产入选最多的城市，也是全国高等学校和各类博物馆最集中的地区，有众多的体育场馆，并集中了许多国家级的文艺团体。截至 2014 年 4 月，北京市已经与 45 个国家的 50 个城市建立友好城市关系，其中 38% 是“一带一路”相关经济体的城市，是国内同“一带一路”相关经济体建立友好城市关系最多的城市。2014 年北京市接待国际会议 104 个，是中国接待国际会议最多的城市，其中京交会是全球唯一一个国家级、国际性、综合型的服务贸易平台，获得世界贸易组织、联合国贸易和发展会议、经济合作与发展组织 3 大国际组织的永久支持。友好城市和国际会议不仅为北京市积累了人气和关注度，更搭建了北京市联通相关经济体主要城市的平台。目前，已经持续多年并形成品牌的活

动，如“北京之夜”“北京文化节”“北京文化周”等文化交流活动，曾到访阿尔巴尼亚、土耳其、俄罗斯、白俄罗斯、新加坡、老挝、缅甸等“一带一路”相关经济体，配合国家层面的活动在城市层面推动民众间交往，在世界舞台宣传和推广中国形象。

在“一带一路”建设中，中国进一步与沿线几乎全部经济体都签订了政府间文化合作协议。[①] 在文化交流机制的作用下，中国加强了同传统文化产品输出地之间的关系，比如马来西亚在2014年由旅游文化部和中国文化部签署了一个5年合作备忘录，增加两部之间的交流，包括互相遣派表演团队到对方的国家，未来，中国文化部将在马来西亚设立一个文化中心。[②] 同时，中国也同更多的国家新建了合作机制，比如在《中国—中东欧国家合作贝尔格莱德纲要》签订后，2014年中国的161件文物在捷克展出，这是中国文物首次到访中东欧国家；2015年6月，第二届中东欧国家当代艺术作品展在中国浙江省举办，也引起了强烈的反响。

经济与文化密不可分，在共建“一带一路”的过程中，文化应该持续发挥软实力。之所以在文化贸易之外也强调文化交流，很多艺术品特别是文化遗产的不可交易属性是其中的重要原因。“一带一路”沿线很多国家有着悠久的历史，有着数量众多的文化遗产，在文化遗产保护的立法、资金、研究上投入众多，但这些文化遗产很多是国家珍品，不可交易，而相互沟通和相互学习彼此之间在文化遗产保护方面的经验是必要的。因此，类似举办文化遗产保护专家级论坛、物质与非物质文化遗产管理和保护领域专家级论坛、互办艺术节和展览等方式，有助于相互欣赏文化遗产、学习和借鉴文化遗产保护方面的经验与技术。中国与吉尔吉斯斯坦、哈萨克斯坦联合的丝绸之路申遗成功就是文化交流的重要成果之一，为沿线各国重新关注这条古代商贸之路，为丝绸之路经济带成为新的国际纽带做了铺垫。

文化交流可以弥补文化贸易的市场空缺，并作为文化贸易的先行

① 张雪：“文化部：中国与‘一带一路’各国建立文化交流机制”，中国经济网，2015-02-11/2016-09-01。

② 孟永辉、张磊、王妍：“多国文化部长：文化先行促‘一带一路’沿线国家民心相通”，央广网，2016-09-21/2016-09-21。

者，向“一带一路”相关经济体和人民传递中国和平发展的信息。文化贸易的确是更为市场化的手段，通过当地居民购买演出、图书、电影票等付费行为以价格手段实际反映当地居民对外国文化的认可和喜爱程度，但文化贸易的产生往往以彼此有一定的了解为基础，而文化交流恰好可以为这方面提供条件。以中东欧为例，尽管中国和中东欧各国文化交流的历史源远流长，但近年来因为地理距离较远，双方民间的相互了解有待提升，加上以人均 GDP 衡量中东欧很多国家的经济水平超过中国，中国的文化产品贸然进入中东欧可能会遭遇文化折扣，先以文化交流为主，可以增强彼此的了解，起到市场热身的作用。此外，正如前文已经说明的，国内文化市场的发展是以一定的经济水平为基础的，即人均 GDP 最低也需要达到 3000 美元以上，但“一带一路”相关经济体经济发展水平参差不齐，对很多国家而言发展经济仍然是优先任务，国内的文化需求不旺直接导致各国的文化贸易发展受限，此时强力推进中国对当地的文化贸易是不理性的。但对中国而言，让“一带一路”相关经济体和民众了解中华文化、分享当代中国的发展成果是不可以等待，文化交流恰好可以补足这一市场定位的空缺。

此外，文化交流有利于丰富文化多样性。在经历了美国借助先进的文化传播手段和信息技术方面的优势在世界各地大规模输出其生活方式和价值观念之后，各国普遍对本国的文化安全有一定担心，开始强调自我认知。保护本国的文化安全，最重要的是保持本国文化与时俱进的能力，而这恰恰需要本国文化不断汲取世界各国文化的养料，因此各国对文化交流普遍持开放的态度，但文化贸易因为其对文化产业的竞争力有更高要求而容易引起各国的担心。以中国为例，按照加入 WTO 的承诺和 2012 年中美双方就解决 WTO 电影相关问题的谅解备忘录，中国每年会上映进口分账大片 34 部，其中 20 部为普通分账，14 部为特种分账（主要针对 3D 和 IMAX 电影），这些电影主要是好莱坞电影。同时，每年中国还上映大约 30 部进口买断片，属于中方买断版权而无须分账的影片，主要来自除美国以外的国家。因此，每年中国国内合计约上映六七十部电影，以此将绝大多数海外影片尤其是好莱坞影片挡在了门外。但在这种文化贸易形式之外，每年

中国通过各类电影节、电影展的形式上映了更多的电影，比如仅2016年上海电影节就排片93部，其中绝大多数电影都是首次在我国公映。这种文化交流的形式，因为排片量和受众面的限制更容易让东道国接受，可以以不激起东道国担心的方式展示各国的优秀历史文化，使观众初步领略展出国文明的丰富内涵和独特魅力，进而激发进一步的人文交流，为双方搭建沟通、理解和友谊的新桥梁。

“国之交在于民相亲，民相亲在于心相通。”在“一带一路”建设过程中，中国投入了大量的资金、人力、物力来满足在东道国的基础设施、能源开发等项目的建设，解决了东道国的资金、技术、管理不足，为地区的互联互通和长期发展贡献了力量，但这并不意味着文化领域的贸易、投资和交流要等待上述渠道铺设完成再进入，相反更多、更有效的文化领域的合作将助力上述过程的完成，包括政府和民间的力量都应以更积极、更开放的姿态参与其中。

第5章
文化影响海外投资区位选择的机制研究

文化不仅影响着东道国对中国企业和产品的接受度，而且影响着中国企业的投资热情。可以想象，“中国威胁论”“资源掠夺论”“中国崩溃论”盛行的国家和地区，很难成为中国企业海外投资的首选地，而那些热情关注中国道路、高度评价中国道路、客观看待当代中国价值观念的国家和地区则对中国企业充满吸引力。文化的三个层次：价值观、风俗习惯和文化商品，从不同角度影响着企业的投资决策。价值观可以用文化距离加以衡量，其在较长时间内保持稳定，对海外投资的影响只能被动接受。风俗习惯和文化商品是价值观的外在表现形式，虽具有一定的稳定性，但也容易受文化交流、文化贸易的影响，并反作用于文化距离对海外直接投资的影响。同时，东道国文化的多样性将丰富中国企业的选择，并可能吸引到中国企业。

5.1 文献综述

5.1.1　文化距离和国际直接投资的文献综述

文化距离和国际直接投资流向之间的关系一直是学术界关注的焦点。理论界普遍认同文化距离同国际直接投资规模之间存在负相关关系。Yoshino（1976）、Ozawa（1979）较早采用文化距离解释日本在西方国家的投资受阻，认为这正是日本文化同西方文化差异较大造成的后果。Davidson（1980）发现美国在加拿大和英国的投资远远超过根据这两个国家的市场规模、经济增长、税收减让和地理距离所预测的规模，并将这种规模的增大归因于两国间相近的文化。

一篇重要的文献是 Johanson 和 Vahlne（1977），作者观察发现瑞典企业在进行海外投资时遵循文化距离由近及远的规律选择投资区位。这篇文献后来作为乌普萨拉模型（Uppsala Model）又称斯堪的纳维亚学派（Scandinavian School）的经典文献被熟知（Johanson 和 Wiedersheim - Paul，1975；Luostarinen，1979；Engwall，1984；Welch 和 Luostarinen，1988；Toyne，1990；Axelsson 和 Johanson，1992）。当企业进入海外市场时，文化相似性有助于跨国公司以较低的成本建立新的客户群，建立并成功运营制造工厂，而且因为文化相似，跨国公司也更容易得到当地民众的认同，减少排外情绪（Barkema 和 Vermeulen，1998），而母国和东道国在语言、教育、商业惯例、文化等方面的差异会阻碍信息流动，从而影响企业的海外投资区位，并影响企业的投资方式，比如随着母国和东道国之间文化距离的增加，企业更倾向于选择新建投资、合资而不是并购。

进入 20 世纪 90 年代后，随着经济的发展和全球化进程的加速，之前已经出现的社会和环境问题不仅没有得到解决而且有越来越严重的趋势，这促使人们开始反思社会发展模式，此时以文化为代表的非经济因素在经济活动中重新扮演重要角色，成为经济地理学研究的一个新方向（苗长虹、王兵，2003）。这种文化转向也成为新经济地理学诞生的重要诱因。以克鲁格曼为代表的经济学家将文化视为阻碍生产要素充分流动的原因，并以此解释区域集聚和专业化分工。黄肖琦和柴敏（2006）、谢杰和刘任余（2011）基于新经济地理学讨论了外国直接投资来华的区位选择，张慧和黄建忠（2014）讨论了中国对外直接投资的区位选择。但以新经济地理学为指导的研究仍然主要针对海外资金来华的区位选择，而非中国企业“走出去”，且对文化因素单独的考虑有限。

在理论研究的基础上，学术界开展了大量的实证研究，但文献并没有给出文化距离和直接投资之间统一的关系，而是形成了多种观点。主流的研究结论同理论的预测是一致的，认同文化差异阻碍直接投资的观点。受理论的影响，实证文献普遍以文化距离阻碍直接投资为先入假设，认为跨国公司在文化距离较远的国家存在信息和生产要素流动方面的障碍，因而不会是投资的首选地。He 和 Lyles（2008）以中国对美国直接投资为研究背景，分析了 Hosfstede 六维文化维度对中国企业投资的影响，发现中美之间较大的文化距离已经从多个层面制约了中国企业在美国的投资。Malhotra、Sivakumar 等（2009）利用新兴经济体国家企业的海外并购的数据，采用 Ghemawat 提出的框架，同时考虑了文化、管理、地理和经济距离对外资并购的影响，证实文化差异会引起海外并购数量的减少，而投资国的市场潜力有利于缓和上述负面影响。Siegel、Licht 等（2011）在控制了文化因素对政策行为的影响后，仍然发现社会的公平程度负向影响一国得自国际债券投资、国际股票投资、银行贷款和国际并购的资金流入。

文化距离对直接投资阻碍被视为跨国公司在海外经营中的“外来者劣势”，这同很多原因有关。第一，文化距离通过影响跨国公司人员对东道国信息的感知，造成沟通和交流上的困难，增加了交易成本。信息输出者和接收者之间的文化差异越大，其理解、解决问题的思维方式差异就越大，沟通方式以及需要的激励机制可能越不相同，由此越容易引发冲突和矛盾（张吉鹏、衣长军，2014）。比如个人主义和集体主义同社会的信任程度紧密相关，而社会信任度会影响交易

成本，在信任度高的国家母公司准确掌握子公司的经营数据，从而更愿意以合资方式进入，反之对于社会信任度低的国家，独资是一种方便的进入方式（Shane，1994），而且随着社会信任度的进一步降低，投资可能将不再是一个理想的选择。第二，文化距离还可能影响知识的传播。Ahammad 和 Tarba 等（2016）证实不论是管理经验还是纯粹的技术知识的传播，也不论是正向还是逆向的知识传播，都会因为文化差异的扩大而受到削弱。第三，文化距离还可能影响制度因素（如法律、投资制度保护）发挥作用的程度（Dikova、Panibratov 等，2016）。东道国市场良好的法律体系和有利的投资者保护制度都可能带动国际直接投资的增长，但文化距离似乎将削弱这一效果（刘威、肖光恩，2015）。

尽管如此，学术界对上述结论的适用性仍存疑虑。一方面，上述研究主要以发达国家为样本，这些国家的海外投资较少遭遇文化折扣，这点同新兴市场国家显著不同。Thomas 和 Grosse（2001）以 OECD 国家的跨国公司在墨西哥的投资为例，发现文化距离似乎促进了对墨西哥的投资，这同来自发达国家的经验非常不同，作者认为这或许暗示对新兴市场国家的研究有必要专门进行。另一方面，从动态角度考察，当跨国公司大量进入文化高度相似的市场后，该市场的竞争将加剧，迫使跨国公司不得不进入文化差异较大的国家寻找机会，进而文化差异可能同跨国公司的海外投资规模呈正相关关系。当然，这种正相关的可能性较小。Tihanyi 和 Griffith 等（2005）对 66 篇研究文化距离和直接投资的文献进行了 Meta 分析，对多数行业上述正相关是不成立的，但也不能排除少数例外。此外，也有文献从跨国公司的经验入手，认为跨国公司刚刚开始直接投资时，文化距离具有一定的制约作用，但随着投资经验的增加，文化距离的影响将变得可以忽略不计，而反倒是跨国公司过去在那些文化差异较大的市场上的经验变得更为重要（Loree 和 Guisinger，1995）。Dikova 和 Rao Sahib（2013）也认为文化距离的影响同跨国公司的管理经验有关，越是管理经验丰富的跨国公司，文化距离的负面影响越小，甚至可能成为正面影响。Buckley 和 Forsans 等（2012）同时发现文化距离并不显著影响印度的跨国并购，因为散居在国外的移民与印度的联系比单纯的文化距离更重要，并在一定程度上缩小了文化距离。

有意思的是，针对中国的研究似乎带来了另一种解释，认为文化距离和国际直接投资流向之间呈现非线性关系。殷华方和鲁明泓（2011）对49个国家在29个OECD国家国际直接投资的分析表明，文化距离和国际直接投资流向之间存在S型关系。綦建红和李丽等（2012）对中国企业的海外投资的数据分析，印证了U型关系同样适用于中国。

本书并不认为中国的海外投资将呈现显著不同于世界各国的非线性情形，毕竟中国企业大规模的海外投资是近几年才出现的，仍以遵循与学习国际规则和发达国家跨国公司的经验教训为主，呈现明显偏离已有结论的可能不大。同时，对文化距离不影响企业海外直接投资区位选择的可能，无论是因为全球化的发展促进了文化融合，淡化了文化差异的影响，还是因为跨国公司熟悉国际业务后弱化了文化距离的制约作用，都不适用于中国现阶段在“一带一路”相关经济体的投资。全球化的发展尽管带来了一定程度的文化融合，但近年来各国普遍反思全球化对本国文化的影响，加强了对文化安全的关注，联合国也发布了鼓励和保护文化多样性的公约，可以想象，国家之间的文化差异可能缩小，但不可能完全消失。中国实际在2014年对外直接投资才首次超过外资流入规模，中国企业的国际化道路也远远没有达到驾轻就熟从而可以忽略文化距离的程度。结合中国企业海外投资以周边国家为主且周边国家大多同属儒家文化圈的现实，① 本书倾向于认为文化距离同中国在海外的直接投资呈负相关关系。

假设1：文化距离和国际直接投资流向是负相关关系。

除了加总的文化距离变量，各文化维度对直接投资的影响是不均衡的，某些文化维度的阻碍作用可能超过其他文化维度。以不确定性规避维度为例，该维度同不同国家的企业和个人对合作中可能出现的风险、企业融合的难易度等因素相联系（Shenkar，2001），因而对直接投资的影响可能较大（Barkema 等，1997；Barkema 和 Vermeulen，

① 发达国家也是中国海外投资的主要目的地，但这或许是因为当地的市场很大，而并不主要是由文化因素所导致的。

1998）。Hamel、Doz 和 Prahalad（1989），Shane（1992），Dickson 和 Weaver（1997）的研究则认为个人主义对投资的影响更大，而加总的文化距离变量的影响将可能造成误导。刘威和肖光恩（2015）认为只有个人主义会对中国海外股权投资产生影响，而其他文化差异对投资并不必然产生影响。因此，本书提出如下假设：

假设 2：各维度文化距离对直接投资的影响是不相同的，个人主义和不确定性规避的影响是显著的。

5.1.2　文化多样性对文化距离和国际直接投资关系的影响

文化距离对直接投资的影响受多重因素的干扰，包括企业特征（如规模、技术密集度、跨国程度）和东道国特征（如风险和市场潜力）（Agarwal，1994）。Brouthers 和 Brouthers（2001）从东道国市场风险的角度印证了上述观点，发现市场风险对文化距离的影响有着调节作用。本书从文化的角度选取文化多样性和文化贸易两个变量调节文化距离的影响。

企业在母国的运营，将形成适应当地文化环境的企业理念，而当企业进行跨国投资时，企业则需要适应新的文化环境。通常，这些文化环境都是基于国家层面测算的，因此文化距离测度的是东道国和母国人群文化差异的均值。但事实上，任何国家国内的文化都是多样的（Shenkar，2001；Engelen 和 Brettel，2011），这直接导致跨国公司运营的当地环境可能明显偏离国家层面的平均的文化环境（Beugelsdijk 和 Mudambi，2013）。忽视东道国国内文化的多样性已经引起学者的普遍关注（Au，1999；Tung 和 Verbeke，2010；Shenkar，2012），但如何纠正文化距离对直接投资影响的研究仍有待进行。

跨国公司在东道国的经营是依据市场细分定位最适合的人群，而非面向社会整体（Kamakura 和 Novak 等，1993；Wedel 和 ter Hofstede 等，1998；Broderick 和 Greenley 等，2007），尤其是当文化差异构成跨国公司进入障碍时，跨国公司更倾向于只定位部分人群（Beugelsdijk 和 Mudambi，2013）。研究表明，跨国公司在不同的国家所定位的往往是具有相同文化特征的人群，这部分人群往往具有相同的行为动机和方式（Levitt，1993）。比如星巴克在世界各国定位的都是接受西方文化、生活方式偏小资的社会精英认识（Verbeke，2013）；拉美银行在美国城市的扩张往往是服务于该城市拉美裔社区居民（Miller和Thomas等，2008）；Hofstede和Steenkamp等（1999）对欧洲酸奶市场的消费人群的分析也发现消费同一品牌产品的消费者拥有相似的文化特征；Papadopoulos和Martín Martín等（2011）在充分取样的基础上，进一步证实了在文化差异较大的国家也可能存在拥有相似文化特征的人群。

如果跨国公司仅定位有利于公司扩张的人群，那么文化距离对跨国公司直接投资的约束将大大降低，但影响程度对各东道国是不一样的。可以想象在文化多样性越高的国家，跨国公司将越容易找到适合自身发展的细分市场。当然，如果细分市场足够大，跨国公司就有可能在此投资；反之，如果细分市场规模很小，那么跨国公司的投资就不会进行。因此，可以预期，东道国文化越多样，文化距离对跨国公司直接投资的影响就越被高估。因此，本书做出如下假设：

假设3：东道国文化多样性的提升将弱化文化距离对直接投资的影响。

5.1.3 双边文化贸易对文化距离和国际直接投资关系的影响

在国际上，文化产业的概念及其名称尚未得到十分严格和统一的界定，由此造成各国在文化产业名称、分类和统计口径方面存在巨大差异，导致各国文化贸易统计数据不可比。为此，联合国教科文组织、联合国贸易和发展会议等国际组织构建了全球文化贸易统计，才在一定程度上解决了这一问题。联合国贸易和发展会议将文化创意产业分为视听、设计、新媒体、表演艺术、出版、视觉艺术6大类，其中视听产品和出版物被视为一种宣传媒介，能深刻影响个人的思想观念和公众的政治选择，所以在国际贸易中普遍以文化例外、文化产业豁免、文化多样性保护等形式特别对待，在一定程度上游离于贸易自由化的规则之外，也依赖与政府间谈判来打开市场。WTO框架下，贸易自由化推动了全球文化贸易的发展，而电影放映限额、视听服务的最惠国豁免清单、文化服务部门开放需做出单独承诺等条款仍然为文化例外留下一定空间，政府的作用也因此凸显。以东南亚国家为

例，东盟专门设立了处理文化事务的部门，但视听部门仍属于《东盟服务贸易框架协议》的例外；马来西亚、新加坡、泰国等国在 GATS 框架下做出了具体承诺；在同美国、日本所签订的贸易协定中，新加坡、菲律宾、印度尼西亚等国家做出了更高的文化产业开放承诺（李墨丝，2015）。

在文化贸易之外，文化交流也成为文化贸易的一种补充方式，被广泛采用（姚新超，2008）。中国同“一带一路”相关经济体签署的合作协议中，几乎全部涉及了文化交流和贸易的内容，如中国和中东欧国家签署的《中国—中东欧国家合作贝尔格莱德纲要》，包括了演出节目、艺术品、文物的交流和贸易的内容。在此背景下，近年来中国和中东欧各国艺术往来频繁。双方艺术家多次进入对方的艺术品市场；双方互办文化合作论坛、展览、音乐会、舞蹈演出、民间艺术展示、电影节等促进和传播民族文化的活动；更多电影、书籍得以直接被翻译成中文。这一切都促使文化合作成为中国—中东欧合作中的新的增长点，标志着双方文化交流正朝着新的水平和阶段发展。

对文化贸易的重视部分源于其独特的经济和社会效应。经济效应方面，如促进经济增长、促进出口、拉动投资、拉动服务业特别是旅游等。新加坡文化产业对 GDP 的乘数效应为 1.43，而这一乘数在英国是 1.80；韩国进出口银行认为文化产品每多出口 100 美元，将带动韩国制造业产品出口增加 412 美元；美国旅游协会的数据显示，到离家 80 公里或更远的地方去旅游的美国成年人中，81% 是文化旅游（世界主要经济体文化产业发展现状研究课题组，2014）。社会效应方面，如影响国家形象、增进当地居民对本国的好感、推广本国价值观等。苗红娜（2015）认为美国公众对中国经济影响力及中国汇率政策的认知同媒体的使用量密切相关。Tihanyi 和 Griffith 等（2005）认为产品差异化是跨国公司在海外市场的重要优势，通过提供不同于东道国国内企业的产品，跨国公司能够吸引相当的顾客群，特别是当东道国民众对这些跨国公司的母国有着强烈的好感时。

利用文化产业打开国外市场并非中国首创，第二次世界大战后各国竞相利用文化资源服务国家对外政策（李红和彭慧丽，2013）。美国在非洲和拉美地区的市场开拓，在同意其他国家享受最惠国待遇时，把不要干涉美国在受惠国的文化宣传活动作为前提条件，在经济援助他国的过程中，也把美国文化扩张的条款加入其中。文化产品和服务的贸易将有利于在沿线各国拓展海上丝绸之路的民意基础（刘赐贵，2014），进而促进国际直接投资。

双边文化贸易这一指标也预示着如果企业更多地承担文化责任那么将对其经营业绩产生积极影响。企业承担文化责任表现为企业积极主动的在日常的经营活动中弘扬中华传统美德，坚持正确的义利观，塑造企业的文化形象，进而展示中国的历史文化底蕴，以期弘扬中华文化、增强文化软实力。据此，本书提出如下假设：

假设4：双边文化贸易的增多将弱化文化距离对直接投资的影响。

5.2 数据来源和变量构造

5.2.1 因变量

因变量为中国对东道国的直接投资流量（OFDI），时间跨度为2003—2014年，共10年。数据来自中国商务部《2014年度中国对外直接投资统计公报》，考虑了逆向投资后该指标存在负数的可能。为准确测度文化距离的影响，本书试图保留Hofstede六维文化距离变量数据完整的国家，包括30个国家：阿尔巴尼亚、保加利亚、克罗地亚、捷克、埃及、爱沙尼亚、匈牙利、印度、印度尼西亚、伊朗、伊拉克、约旦、拉脱维亚、黎巴嫩、立陶宛、马来西亚、巴基斯坦、菲律宾、波兰、罗马尼亚、俄罗斯、沙特阿拉伯、塞尔维亚、新加坡、斯洛伐克、斯洛文尼亚、泰国、土耳其、乌克兰和越南。

5.2.2 自变量

自变量是中国同对应国家的文化距离（cd），采用Hofstede六维

数据，并按照 Kogut 和 Singh（1988）的方法加总。的确，采用六维数据而非国别数据更完整的四维数据，会损失一部分国家的信息，但是这样将细化文化距离指标，更清晰和全面的区分各国文化的差异，特别是“一带一路”覆盖部分亚洲国家，长期导向就显得尤为重要。预期符号为负。

本书同时希望检验文化多样性和双边文化贸易对文化距离影响对外直接投资所可能带来的影响。文化距离和文化多样性（cv）的交叉项。东道国文化的多样性可以由该国代表性群体的特征反映。本书参照政治经济学方面的研究，采用一国民族和语言的多样性作为文化多样性的代理变量（Easterly 和 Levine，1997；La Porta、Lopez - de - Silanes 和 Vishny，1999；Mauro，1995；Taylor 和 Hudson，1972）。数据来源于 Alesina 和 Devleeschauwer 等（2003），在这篇文献中，作者依据来自各国际组织和各国官方统计机构的公开数据，以各民族在全国总人口中的比重加权计算了样本国家的民族和语言多样性，数值介于 0—1 之间，取值越强，表明该国文化多样化程度越高。

文化距离和双边文化贸易（ct）的交叉项。中国同东道国双边文化交往越多，彼此的相互了解越强，越有可能削弱文化距离带来的正面和负面效果。双边文化交往可以分为文化交流、文化贸易和文化投资，但因为中国的文化产业起步较晚，加之国际文化市场聚集度高，所以中国每年的文化投资规模较小且缺乏官方统计。文化交流是促进双边文化交往的重要方式，中国同“一带一路”相关经济体签订的合作框架中往往也包括了文化这一项，但因为文化交流缺乏双边资金流动信息，难以衡量其经济价值，而且文化交流多以官方活动为主，市场机制普遍缺位，很难反映出东道国对中国文化的认同。因此，选取中国当年同东道国双边文化产品贸易的数据，数据来源于联合国贸易和发展会议创意产品贸易数据库，时间跨度为 2003—2012 年，预期符号为正。

5.2.3　控制变量

企业到海外投资的动机可以分为：寻找战略资产、寻找市场和寻找资源。对寻找战略资产的动机，本书采用东道国年度居民和非居民专利登记总数衡量（patent），数据来自世界银行发展指数；对寻找市场的动机，本书采用两个指标衡量：东道国国内生产总值（gdp）和东道国人均国内生产总值（gdpper），前者测度了东道国的绝对市场规模，后者测度了东道国的相对市场规模，数据都来自联合国贸易和发展会议数据库；对寻找资源的动机，本书采用东道国当年矿石和金属出口、能源出口的加总比例（resource），数据来自世界银行发展指数。

双边贸易（biltrade）。该指标不仅测度了贸易和投资之间的替代关系，更重要的是也表明了双边政治和民间关系的亲密程度。中国企业海外投资受双边政治和民间关系亲密程度影响，在政治和民间环境好时投资增多，在政治和民间环境恶劣时投资减少，而双边贸易也展现类似的特征，为此以双边贸易衡量这种影响的大小，预期符号为正。

地理距离（gerodist）。北京到东道国首都的距离，单位为公里，并取对数处理。数据来源于法国前景研究与国际信息中心（CEPII）的距离数据库。

外资开放度（Fdiopen）。本书引入东道国当年外资流入占 GDP 的比重，控制东道国对外资的开放程度（Buckley 等，2007；Slangen 和 Beugelsdijk，2010），数据来自联合国贸易和发展会议外商直接投资数据库（Foreign Direct Investment Database）。预期符号为正，表明如果一国引资比重越高，其外资开放度越高，那么中国的投资规模也可能越高。

中国对东道国的直接投资存量（outstock）。中国对东道国的直接投资存量越高，代表中国在东道国以往投资经验越丰富，企业对当地的市场环境越熟悉，数据来自中国商务部《2014 年度中国对外直接投资统计公报》。

双边投资保护协定（bit）和避免双重征税协定（adt）。如果两国签订了投资保护协定，母国在东道国的投资的法律保障将增强，投资风险将减小；如果两国签订了避免双重征税协定，母国在东道国投资的税收负担将降低，投资的利润将增加。两者都可以从政策层面促进双边投资，因此引入虚拟变量双边投资保护协定（contact），如果

两国签订了双边投资保护协定或者避免双重征税协定，则其值取 1；如果两国没有签订任一协定，则其值取 0。相关数据来自中国商务部网站、外交部网站及中国商务年鉴。

政府稳定性（govstab）指标，指的是一国政府对既定方案的执行能力及其政权稳定性，关乎中国企业在当地投资的长期稳定性，数据来自国家风险指南（International Country Risk Guide，ICRG）数据库，总分 12 分，得分越高表明政府越稳定。

东道国是否属于儒家文化圈（confucian）。参考叶德珠、连玉君等（2012）的做法，"一带一路"沿线的印度尼西亚、马来西亚、菲律宾、新加坡、泰国、越南与中国同属于儒家文化圈，赋值 1，其余国家赋值 0。

从 CEPII 数据库中引入以下虚拟变量：东道国和母国是否具有相同的法律体系（comleg）；东道国和母国是否有超过 9% 的人说同一种语言（comlang_ ethno）；东道国和母国是否接壤（contig）；东道国是否是 WTO 成员（gatt_ d）。同时，方程包括时间变量（year）。

5.2.4　实证模型

文化贸易和文化距离的交叉项的系数是本书考察的重点，用于验证忽视文化贸易是否将导致高估文化距离的负面影响。文化多样性的分析与此相类似。据此，构建如下模型：

$$OFDI = \beta_0 + \beta_1 \times cd + \beta_2 \times cul \times cd + \beta_3 \times Z + u \qquad (5.1)$$

其中：*OFDI* 代表因变量，是中国同"一带一路"相关经济体的双边直接投资流量；cd 代表文化距离，是最主要的自变量，代表着价值观对投资的影响；cul 代表本书将单独验证的影响文化距离效果的两个文化指标，即文化贸易规模 ct 及其同文化距离的交叉项 cd × ct，或者文化多样性 cv 及其同文化距离的交叉项 cd × cv，本书分别考察文化贸易和文化多样性的影响；Z 代表所有控制变量，包括东道国国内生产总值、东道国人均国内生产总值、东道国资源数量、中国和东道国双边贸易规模、东道国登记专利数、双边投资保护协定和避免双重征税协定、共同法律体系、共同语言、投资存量、外资开放度、政府稳定性、是否儒家文化圈、是否接壤、地理距离、东道国是否 WTO 成员和年份等。

β_1表明了文化距离的影响，符号预期为负，反映了文化距离的增大增加了交易、沟通、学习和积累的成本。当然，由于文化贸易会增进彼此之间的了解、拉近彼此的距离，文化多样性也将促使跨国公司只定位于特定的人群而非一国民众整体，两个因素都将弱化文化距离的影响，而忽视这两个因素的影响将带来对文化距离影响的高估。换句话说，文化距离的真实影响应该是（$\beta_1 + \beta_{2*}$ cul），且 β_2符号预期为正。如果 β_1符号最终为负且 β_2符号最终为正，那么以往文献就高估了文化距离的影响，而且双边文化贸易的增多将有利于抵消文化距离的负面影响，促进中国在东道国当地投资规模的增加。

5.3 实证检验结果和分析

5.3.1 文化贸易的调节作用

表 5.1 给出了文化距离对中国海外直接投资影响的线性回归结果。(1) 列只考虑了文化距离的一次项，其对中国海外直接投资的影响为 -128.096。(2) 列考虑了文化贸易的交互影响，样本中文化贸易的均值为 330.878，因此文化距离对海外直接投资的影响为 -65.026①，相比 (1) 列制约作用明显弱化。(3) 列在考虑了所有控制变量后，文化距离的制约作用进一步弱化，其值为 -11.552。从文化距离的影响形式看，(4) 列验证了之前文献所提到的非线性假定，但文化距离二次项和三次项都不显著。由此，假设 1 和假设 4 得到证明，文化距离对中国海外直接投资的影响为负，且双边文化贸易的发生能够拉近彼此的距离，降低文化距离的负面影响。

从投资目的看，中国企业在“一带一路”相关经济体的投资以

① $-65.026 = -104.221 + 0.118 \times 330.8784$。

寻找市场和战略资产为主，表现在代表东道国市场规模的东道国国内生产总值（gdp）和东道国人均国内生产总值（gdpper）两个变量均显著，代表东道国创新能力的专利登记总数（patent）变量显著，但代表东道国资源出口能力的 resource 不显著。有着共同语言、共同法律体系的国家对中国海外投资有着重要的吸引力。亲密的双边政治关系有利于促进中国企业在当地的投资，而不论东道国的政治是否稳定，表现在 biltrade 上显著，而 govstab 不显著。

表 5.1　　**线性回归结果**

	(1)	(2)	(3)	(4)
cd	-128.096 **	-104.221 ***	-39.346 **	-295.844
	(0.013)	(0.006)	(0.046)	(0.178)
cd2				135.245
				(0.241)
cd3				-21.676
				(0.259)
cdcul		0.118 ***	0.084 **	0.090 **
		(0.000)	(0.034)	(0.034)
cul			0.192 **	-0.188 **
			(0.035)	(0.042)
gdp			0.000 ***	0.000 ***
			(0.002)	(0.002)
gdper			0.003 *	0.003
			(0.055)	(0.088)
biltrade			0.000 ***	0.000 ***
			(0.003)	(0.005)
patent			0.005 *	0.005 *
			(0.056)	(0.064)
contact			42.168	43.553
			(0.176)	(0.186)
comleg			-49.347 *	-52.997 *
			(0.075)	(0.091)

续表

	(1)	(2)	(3)	(4)
comlang_ethno			-97.357*	-90.513
			(0.089)	(0.121)
outstock			0.199***	0.197***
			(0.000)	(0.000)
fdiopen			-3.768	-4.056*
			(0.100)	(0.081)
govstab			2.140	0.913
			(0.770)	(0.906)
confucian			-62.535	-81.994
			(0.329)	(0.316)
contig			-54.432	-59.363
			(0.348)	(0.428)
gerodist			0.003	0.000
			(0.880)	(0.998)
gatt_d			-16.296	-4.805
			(0.648)	(0.897)
resource			-0.021	-0.074
			(0.965)	(0.877)
_cons	377.823***	228.769***	8969.445	8956.767
	(0.000)	(0.004)	(0.302)	(0.303)
year	否	否	是	是
obs	360	300	268	268
R^2	0.084	0.175	0.802	0.803

注：括号中的数字代表对应变量的 p 值，***、**、* 分别代表对应变量在 1%、5%、10% 的显著性水平上显著。

表 5.2 给出了分维度回归的结果，可以看出在六个文化维度中，个人主义和不确定性规避的影响显著，其中个人主义的综合影响为 -1.453①，不确定性规避的综合影响为 -4.625，而其余维度的影响

① -1.453 = -3.801 + 0.007 × 330.8784，其余维度的综合影响的计算方法与此相同。

不显著。这一回归结果证实了假设 2，也同以往研究结论大致相同。个人主义的实质是东道国和母国在鼓励个人利益最大化还是集体利益最大化方面的文化差异。如果跨国公司的文化倾向是鼓励集体利益最大化，那么在投资时就更愿意关注利益相关者的利益，当东道国的文化是集体主义时可能对跨国公司的选择更容易接受，反之当东道国的文化是个人主义时这种选择将很难得到东道国员工的认可且会引发内部分歧。同样的道理，不确定性规避更强的文化更愿意遵循以往的做事风格，厌恶改变，而不确定性规避较弱的文化更愿意创新。如果东道国和母国在不确定性规避方面存在分歧，文化冲突将不可避免，一方所做的任何改变将几乎毫无疑问地遭到另一方的抵制，海外直接投资将变得矛盾重重。

表 5.2 分文化维度回归结果

	pd	id	ma	ua	lo	in
文化距离	-2.674	-3.801**	-0.779	-5.515***	-1.078	-2.334
	(0.132)	(0.035)	(0.598)	(0.000)	(0.450)	(0.245)
文化距离和文化贸易交互项	0.003***	0.007***	0.007***	0.003***	0.005***	0.009***
	(0.000)	(0.000)	(0.000)	(0.000)	(0.000)	(0.000)
_cons	197.823	153.941***	22.658	408.225***	52.839	65.813
	(0.135)	(0.034)	(0.771)	(0.000)	(0.489)	(0.301)
obs	300	300	300	300	300	300
R^2	0.228	0.183	0.280	0.223	0.264	0.308

注：所有回归省略控制变量。括号中的数字代表对应变量的 p 值，***、** 分别代表对应变量在 1%、5% 的显著性水平上显著。

5.3.2 文化多样性的调节作用

表 5.3 给出了加入东道国文化多样性和文化距离交叉项之后的回归结果。遗憾的是，文化多样性及其同文化距离的交叉项在各模型中都不显著，这同假设 3 存在矛盾。反思其原因，文化多样性影响文化距离效果的理论基础是市场细分理论，其机制发挥作用依赖于跨国公司根据东道国的语言和民族所展示的文化多样性进行市场细分，其产

品和经营战略只定位于部分人群，但中国企业在“一带一路”相关经济体的直接投资是以基础设施为优先投资方向的，这部分投资因为涉及面广、投资期长、收效慢，以市场细分弱化文化距离影响的可能性大大降低，加上中国企业的海外投资经验正在积累期，即便是在商务服务业、批发零售业等可以市场细分的领域其投资经验也制约了效果的发挥。

表 5.3　　文化多样性同文化距离的交叉作用

	(1)	(2)	(3)
cd	-128.096 ** (0.013)		-142.398 ** (0.014)
cv		304.417 (0.157)	
cdcv			55.061 (0.572)
_cons	377.823 *** (0.000)	14.131 (0.876)	368.010 *** (0.001)
obs	360	360	360
R^2	0.084	0.031	0.089

注：本表的回归不包括控制变量。括号中的数字代表对应变量的 t 值，***、** 分别表示对应变量在 1%、5% 的显著性水平上显著。

5.4 结　论

同已有文献只关注文化距离对海外直接投资的影响不同，本章同时关注了影响文化距离作用效果的其他文化因素，包括东道国文化多样性和双边文化贸易。本章发现双边文化贸易具有弱化文化距离的作用，这同理论的假设是一致的。“国之交在于民相亲，民相亲在于心相通。”民心民意对于国家政策的影响越来越突出，在当前中国“走

出去”大规模对外投资的新时期，引导“一带一路”相关经济体民众正确认识中国，消除对中国的误解非常有必要，而文化贸易正是当地居民“用手投票”以市场化的方式表现的对各国文化的认同感，因此加强同“一带一路”相关经济体的文化贸易具有重要的战略意义。但文化多样性的影响不显著，这或许同中国企业在海外的投资领域和投资经验有关，未来通过充分的市场细分，笔者仍然预期文化多样性机制或可发挥其应有的作用。

本章的研究对中国企业在“一带一路”相关经济体的投资有着重要的启示意义。基于对文化多样性和双边文化贸易对文化距离影响的分析，企业将不再是被动的适应文化距离带来的影响，其也可以采用适宜的手段影响文化距离的作用程度。我国企业在经历了前期“走出去”的初期阶段之后，现在已经迎来海外投资的迅速发展阶段。在“走出去”的初期，中国企业为了规避文化冲突，除了在发达国家外，更倾向于在周边国家和地区投资。这种选择一方面利用了文化的相似性，规避了外来者劣势，但也造成中国海外投资在地域上的局限性。作为国家的重要战略，在“一带一路”相关经济体的投资是中国企业更大规模、更深程度进入国际社会的重要机遇。在进入一些文化距离较大的国家和地区时，中国企业不可避免地会遭遇文化冲突，但通过文化贸易的手段，辅以文化多样性的市场定位，或许中国企业的海外之旅不至于走的过于艰辛。

第 6 章

文化助力企业海外直接投资的政策建议

前文的论述已经证明，文化是影响企业对外投资决策的重要因素。文化距离的增大将阻碍企业“走出去”，而双边文化贸易将弱化文化距离的制约作用。尽管相关文献尚未发现文化多样性的积极作用，但随着中国海外投资结构的变化，情况或许会有所改变。如果说文化距离事关价值观将在较长时间内保持不变，那么文化贸易、文化多样性则是政府和企业可以主动作为的方向，从而增强企业“走出去”的有效性。在不同国家与地区所开展的文化合作，可以有效打开当地市场，拓展海外市场规模，增加“走出去”的广度；更能够拉近民众之间的感情，最大限度地为企业的“走出去”创造适宜的市场环境，构建中国企业品牌，也为中国产品与服务的本土化提供更多保障，增加“走出去”的深度，从而实现从“走出去”到“走进去”，再到“融进去”的过渡。本章将回顾文化助力企业海外直接投资的主要问题和困难，并提出相关政策建议。

6.1 文化助力企业海外直接投资的主要问题和困难

6.1.1　忽视文化因素的影响

有“美国的文明之父”“美国的孔子”之称的拉尔夫·瓦尔多·爱默生（Ralph Waldo Emerson）曾写道：“我们短暂的生命与漫长的历史息息相关。”在他看来，现在与过去之间存在着一条共同的人生纽带。“一带一路”倡议的提出和受到相关经济体的广泛欢迎离不开中国与“一带一路”相关经济体的共同记忆，这种记忆不仅是经贸方面的，也是对东方文明古国的历史记忆。正因为如此，我们在沿线国家的活动离不开文化因素。

主流经济学认为，市场主体都是理性人，各自按照利益最大化原则做出决策，其结果是市场能够实现最优的资源配置和最大的效用。这一思路也延伸到对外直接投资领域，认为市场信息充分，母国和东道国都按照经济利益做出决策。但实践中并不完全如此，除了经济利益，价值观、风俗习惯都影响着中国企业在当地的投资。比如在缅甸密松水电站项目中，中国企业选用了一流的技术团队，运用了成熟可靠的技术，进行了充分的环境影响评估，也参照国际标准在移民搬迁和安置方面付出了努力，但仍未逃脱被叫停的命运。究其原因，中国企业虽然做了大量的努力，但宣传不够，相关信息没有传达到社区和居民层面，在反对声音蔓延后想要补救为时已晚。

企业海外投资的实践将近距离展示中国的文化，也反过来影响东道国民众对中国的印象，可以说在海外的中国企业是中国文化最重要的代表，是中华文化最好的代言人。企业的海外投资通过具体的工程、项目、产品，将中华文化的抽象意义形象化、具体化，更对未来的外交和经济交往产生深远影响。企业的海外投资通过文化手段找到并培育最适合的投资区位，进而激发可持续的、更多的和更大规模的企业“走出去”——根植东道国民众内心的对中国产品与企业的好感将利用市场机制形成了“自给自足”的可持续路径，从而不断扩展中国企业的海外投资和文化影响力。同时，国际市场的竞争又促使对外投资更加精准地将更能满足当地需求的产品与服务引入国际市场，推动文化传播内容的升级，逐渐提高文化产品与服务的竞争力，文化产品与服务的输出可以最大限度地增强世界对中华文化的了解与认同，提升中国的国际形象和影响力。

对文化因素的忽视还体现在缺乏对中国与“一带一路”相关经济体文化差异的务实分析，以至于不了解其他国家在核心价值观这一本质内核上的关切点，因而时常海外政府和民众的反应令中国企业非常意外。随着跨国数据的丰富，这种基础分析可以并能够得到加强。

6.1.2　缺乏文化和海外投资的互动机制

尽管中国对外文化贸易发展迅速，但文化贸易和直接投资的互动机制仍非常缺乏，常见的情形是文化企业干文化企业的活，对外直接投资企业干投资企业的活，各自为战，彼此的沟通非常有限，导致文化产品和服务的针对性不强，无法更好地满足海外市场了解现当代中国的愿望，成为制约文化贸易良性发展的根本性问题。文化本身对人的思想观念和价值导向有独特作用，一方面可以以轻松愉快的方式推介中华文化，另一方面也可有目的、有针对性的传递中国企业的声音。比如前文曾经提过，中国企业在海外的投资着眼于更长期的可持续发展的项目，也从中国过去的发展中总结经验，习惯修建大型的公路，而不是像西方国家那样修建乡间小路，类似的观念，可以通过一定的文化形式表现出来，不求当地民众都能理解，但也可以尽到充分解释的作用。这种方式曾在20世纪“大萧条”年代为美国政府广泛应用于国内市场，通过在电影中表达企业家的难处，并借助电影释放人们心中的压力，以此缓和当时社会对富人的仇视。现在好莱坞在世界市场的交易对于传播美国的价值观与树立美国个人和企业的良好形象也发挥了重要作用，尽管美国的价值观并不为全世界所认可，但好莱坞所到之处仍激发了不少对美国的认同。

中国现行管理体制下，涉及企业对外直接投资的管理部门有：国

务院、国家发展和改革委员会、商务部、国家外汇管理局等部门和各级地方商务主管部门以及驻外使领馆商务机构等，而涉及文化产业的管理部门有：中宣部、文化和旅游部、国家广播电视总局、商务部等部门和各级地方文化主管部门以及驻外使领馆文化机构等。尽管政府不断持续推进文化领域的国际合作，一定程度上提高了文化服务投资的效率，但在这种多层次的管理体制下，各个机构各管一段或一个方面，容易出现多头管理问题，且文化创意产业的形态多样，各个部门只能根据自己熟悉的领域出台政策，缺少通用性和协调性。同时，文化涉及影视、出版、演艺、动漫网游等多个文化创意产业形态，文化产业的不同特性和发展规律决定了其服务海外投资过程需要考虑的各种因素更加复杂，更需要充分协调。

对外文化贸易和海外直接投资互动平台的缺乏，导致中国企业在开展国际直接投资中面临着信息传导不完全的困扰。国际直接投资需要提前对东道国的相关价值观念、风俗习惯有充分的了解，然而“摸市场”是相对复杂的，需要前期大量的基础铺垫性工作，单靠一个企业很难完成。目前，尽管商务部在服务企业“走出去”方面做了大量工作，发布了《对外投资合作国别（地区）指南》《国别贸易投资环境报告》《对外投资国别产业导向目录》等一系列对外投资合作的指导性文件，并开展了国别文化投资指南的研究，但其内容仍有待进一步完善和细化，而文化的部分需要特别的补充进去，特别是能实质性推动企业开展业务，为企业牵线搭桥方面的内容有待加强。

6.1.3 文化贸易和文化责任统计的滞后

中国尚未建立面向文化贸易与文化投资的有针对性的统计指标体系，当前的统计标准依然沿用着传统的国民经济指标体系，只有部分文化产品与文化服务分散在各个门类之中，但更多的部分则没能纳入统计范畴，而且中国的统计指标同联合国公布的国际指标无法匹配。这不仅不利于客观、科学、准确地了解国内以及对外文化贸易的整体情况，不能为相关文化贸易与企业海外直接投资发展战略及政策的制定提供有效依据，也使得对于文化贸易与企业投资相关的评估没有可量化的标准可依。

中国企业文化责任和社会责任的提出较晚，内涵和边界尚不清楚，相关统计指标尚存争议，系统和连续数据的收集尚未建立。这不仅不利于客观、科学、准确地评估企业责任的完成情况及其对企业海外投资的影响，而且不能为相关的企业责任的落实提供建议。一套完整的指标体系能够督促企业履行自身责任，而一家企业只有率先在国内适应对社会责任的履行，才能在国外自觉地履行相关责任。

6.1.4 缺乏督促企业落实海外文化责任的国内政策

跨国公司海外经营文化责任的落实取决于跨国公司本身、母国政府、东道国政府和东道国社会环境四方共同的努力。当跨国公司进入东道国市场时，如果东道国市场有着针对企业社会责任严格的法律要求和监管机制，跨国公司将更可能践行企业社会责任。反之，如果跨国公司进入的东道国是发展中国家或地区，当地企业本身就没有很好的环境保护意识、员工福利标准或是其他的规范标准，跨国公司虽从道义上应该继续坚守其良好的经营规范，但实践中却避不开破坏东道国长期利益以谋求企业经济收益的诱惑。

“一带一路”建设中，中国企业进入的海外市场有很多是经济转轨国家和发展中国家，这些国家本身的制度环境尚不完善，也给了企业很大的诱惑。此时，如果中国企业在国内的经营过程中已经形成了很好的经营规则，那么或许可以抵抗住诱惑，但遗憾的是，多年来中国企业在国内的成长经历或多或少形成忽视社会组织的力量、忽视对环境的破坏、缺乏经营透明度等短视行为，期待企业一旦走出国门就可以改变过去的习惯恐怕是不现实的。因此，一方面寄希望于企业可以意识到履行社会责任和文化责任的重要性，另一方面政府的引导和监管也是必不可少的。

现在政府已经采取了一些措施。如 2012 年商务部、中央外宣办、外交部、国家发展和改革委员会、国资委、国家预防腐败局、全国工商联联合发布了《中国境外企业文化建设若干意见》，提出境外企业文化建设的重要任务，明确：“努力适应所在国（地区）当地社会环境，尊重当地宗教和风俗习惯，积极开展中外文化交流，相互借鉴、增进理解，与当地人民和谐相处。探索适应国际化经营需要的跨文

化、信仰、生活习俗的管理理念，积极推进经营思维、管理模式、雇佣人才、处理方式的本土化，注重增进当地员工对中资企业的了解和理解，最大限度地降低跨国经营中的价值观冲突”。但具体如何监管仍未有定论，对企业的行为缺乏事后监管。

6.1.5 海外投资权益的法律保障力度不足

随着中国企业“走出去”的数量、规模、影响力越来越大，遇到的法律问题也越来越多，如何保障国有企业和民营企业在海外投资的利益成为政府急需关注的问题。在 2011 年水晶石公司中标成为伦敦奥运会服务供应商时，就遭遇到英国当地多家媒体的攻击，危机公关让企业付出了巨大的精力和成本。随着四达时代集团在非洲业务的不断扩大，引起了非洲当地公司的高度重视，英、法、葡三大语区的公司联合对四达时代集团进行不断的打击。2014 年，法国政府利用它们在刚果金政府中的代理人向四达时代集团发难，以莫须有的事由要吊销四达时代集团合法获得的营业牌照，造成信号停播 3 天，虽经中国外交部、商务部的强力支持和四达时代集团的依法维权而得以恢复运营，但信号的停播也对四达时代集团的正常运营造成了恶劣的影响。随着企业海外投资步伐的加快，运用法律手段保护企业在海外投资权益成为当务之急，而这也是中国应当展现给世界的一个文化维度。

6.2 文化助力企业海外直接投资的政策建议

6.2.1 重视文化因素在企业海外投资中的作用

“一带一路”建设中，中国企业海外直接投资进一步向前发展，既不能忽视传统的影响因素，也要不断考虑新的因素。当早期中国企业“走出去”的时候，主要面对的是周边国家和发达国家。这些国家或者与中国属于同一文化圈，或者虽然文化差异很大但信息透明度较高、相互了解更多，所以文化差异虽然存在，但其影响没有那么明显。但“一带一路”沿线很多经济体，特别是陆上丝绸之路沿线的经济体，是中国企业新开拓的市场，文化差异更大，民间交流少，因此需要更加关注文化因素。

建立各国价值观、舆情和民生等综合性信息发布平台。定期发布国别文化指导手册，分析各国的历史及其价值观；公布最新的各国舆情和新闻大事记介绍，直观反映社会舆论的导向和民众的关注方向；梳理国别政府、社区、第三方机构等潜在利益相关者之间的关系，预测投资项目可能的利益相关者等，实现政府信息与资源的及时公布与共享，引导企业在对外直接投资中关注文化要素。同时，建立文化咨询机构名录，为有效对接企业海外投资的文化咨询需求提供帮助。

6.2.2 建议确立国家层面的文化和投资互动的战略

以国家战略助推文化和投资的互动。贸易和投资是“一带一路”建设的重点内容，其中基础设施建设更是“一带一路”建设的优先方向，作为民心相通重要部分的文化合作是“一带一路”建设的社会根基之一。无论是投资还是文化，中国已经投入了大量的人力、物力和资金，有必要将两者更加有机地结合起来，因此战略层面的考量是必要的。美国多年来一直采取维护国内市场自由、保护对外文化贸易与投资的战略，法律赋予文化传媒类企业国外竞争的例外性，容许、鼓励与扶持企业在海外垄断行为，并大力促进文化在政府对外宣传和外交活动中的作用，如专门成立文化外交咨询委员会，针对美国文化外交中的有关项目的运用和政策的制定向国务卿提供建议。韩国政府则采用“以民为主、以官扶民、因地制宜、创新发展”官民并举的文化战略，鼓励文化和企业的融合，在文化节目中大力塑造韩国产品耐用、方便、新潮的特色，提升东道国居民对韩国企业的好感。

为此，我国应制定推动文化和投资互动的战略性指导政策，就文化和投资互动的路径、方向、区域进行统筹规划与布局，引导企业有秩序、有层次地开展对外文化投资。特别是建立跨部门的领导协调机制。商务部、文化和旅游部、国家发展和改革委员会、国家知识产权

局、各省市文化局和商务委员会等多个政府部门联合，建立跨部门的领导协调机制，完善部门间联系机制，提高文化和投资互动的行政管理效率，最大限度地避免行政内耗。

加强国际战略工程的文化协调。结合“一带一路”倡议，将文化贸易和投资与其他行业的投资有机组合，将文化与基础建设等重大工程项目有机组合，制订一揽子的战略工程规划。利用战略工程落地推动文化合作；利用文化合作打开当地文化市场，推动项目更好地融入当地，有效缓解和避免文化排斥。

6.2.3 强化双边和多边文化合作机制，推动文化贸易发展

充分利用国际平台，并学习成功国家的经验。学习法国依托联合国教科文组织、欧盟、国际法语国家组织等国际组织的相关文化与投融资政策创造海外文化合作国际环境，以及美国将包括世界贸易组织在内的国际组织作为推动文化海外贸易的平台，打开和进入别国的文化市场，使自己的电影、期刊等文化产品直接占据海外份额，顺应国际惯例与规则，让中国对外文化合作项目更容易落地。

充分利用多边与双边协议以及区域经济合作组织，搭建双边交流、沟通、融合的平台，为双边和多边文化交流提供支持和服务，在文化创意产业国际化的政策支持、市场、创意产品的开发等方面加强合作，争取区域经济合作框架下对外文化合作的便利政策，创造长期稳定的区域文化合作环境。充分开展电影节、音乐节、艺术节等形式的活动，支持中国与沿线国家的文化艺术机构、团体、企业及艺术家群体和个人，在艺术培训、共同创作、经验分享及平台搭建等方面开展全方位、多领域务实合作，提升文化合作规模和水平。鼓励跨国文化创意产业合作，加强双方在知识产权保护方面的国际合作，鼓励双方文化创意企业以国际市场为导向，创作具有自主知识产权和自主品牌的文化精品。

充分利用产业园区，吸引海外文化企业入驻，对其进行文化投资，有效规避直接开拓海外文化市场的困难。鼓励中国文化机构赴“一带一路”沿线国家选购节目，加大对沿线国家艺术院团和经典艺术形式的引进力度，促进政府交流和民间交流的有机结合。

6.2.4 适时完善文化贸易和企业文化责任统计指标

设立适用于文化贸易的专门统计标准。立足各文化行业特点，统筹与界定文化产品与服务的范围，将散落在传统统计体系各门类甚至没有纳入统计体系的文化产品与服务进行科学合并与分类，统一统计口径，建立更能与文化贸易实际情况和需求相匹配、能够直观体现文化贸易动态、更加具有可比性和实用价值的文化贸易统计指标，实现客观数据的实时收集与调用，为政府及时了解和把握对外文化贸易动态以及各类扶持政策与奖励细则的制定、执行提供充分的、可量化的依据。

发挥各类文化和投资相关智库的咨询功能。利用各类相关智库为政府制定与出台文化统计标准提供咨询服务，在考虑文化对投资的外溢效应的基础上深入研究并协助统计指标的选取、评估体系的建立，为制度设计建言献策。在统计评估体系试行过程中及时提供反馈信息，推动统计与评估体系的优化。

建立适用于企业文化责任的评估体系。制定关键评估指标，建立第三方机构评估机制，督促文化责任长效发展。评估政府政策引导与监管文化责任的政策成效，为政府决策提供反馈；评估文化差异对国际直接投资的影响，帮助企业合理权衡海外直接投资的成本收益。

加强企业海外投资文化责任监管，树立企业海外形象。责成有关行业商会等中介机构，组织参与海外直接投资的企业共同制定和遵守海外直接投资企业文化责任行为准则。加快信用体系建设，鼓励适度竞争，反对恶性竞争，对于违反国际惯例破坏当地文化、环境的投资行为，应当予以制止甚至制裁。引导企业适当参与当地文化活动与公共文化建设，树立企业形象，融入当地文化。

6.2.5 协同文化交流与文化贸易，促进文化多样性发展

针对市场潜力大、相互了解少但经济文化相对落后的国家和地区，采取将文化交流与文化贸易进行绑定的长线组合，利用文化交流扶持当地文化发展、文化贸易和投资培育当地文化市场，共同为“一带一路”倡议的民心相通建设助力。法国政府始终紧紧抓住法语

国家这些“文化阵地”进行文化发展援助，共同开展与文化相关的合作项目，向这些国家提供科技援助与文化合作，改善其教育条件、文化氛围，不断巩固这些国家同法国的关系，为法国政府在当地的影响力和企业的社会活动打下了坚实的民心基础。日本经常组织东南亚国家各界人士赴日交流，还在当地设立很多免费的文化培训机构，推广日语、茶道、插花等具有代表性的日本书化。美国还开展“和平志愿者项目”等对外文化援助活动，把本国人员派遣到海外从事志愿工作，向海外赠送图书、杂志、画册、录像带、幻灯片等，在海外创立文化交流中心，逐渐拉近美国和当地民众的距离。中国民营企业四达时代集团能够进入非洲市场并投资收购多个国家的多家电视台、参与铺设电视和网络的信号建设，正是得益于中国常年以来援建当地文化场所、体育场馆等公共设施项目和铁路、公路等基础设施建设的努力，从而使得非洲建立起对中国经济与文化保持开放、合作的环境与氛围，降低了四达时代集团在非洲开展文化投资的壁垒，而这也为后来电视剧《媳妇的美好时代》登陆非洲起到了重要的平台作用。

参考文献

[1] Agarwal, S. 1994. Socio-Cultural Distance and the Choice of Joint Ventures: A Contingency Perspective [J]. Journal of International Marketing, 2 (2): 63 - 80.

[2] Ahammad, M F, S Y Tarba, et al. 2016. Knowledge Transfer and Cross-Border Acquisition Performance: The Impact of Cultural Distance and Employee Retention [J]. International Business Review, 25 (1, Part A): 66 - 75.

[3] Alesina, A, A Devleeschauwer, et al. 2003. Fractionalization [J]. Journal of Economic Growth, 8 (2): 155 - 194.

[4] Alesina, A, P Giuliano. 2015. Culture and Institutions [J]. Journal of Economic Literature, 53 (4): 898 - 944.

[5] Au, Y K. 1999. Intra-Cultural Variation: Evidence and Implications for International Business [J]. Journal of International Business Studies, 30 (4): 799 - 812.

[6] Axelsson, B, J Johanson. 1992. Foreign Market Entry-the Textbook Vs. The Network View [J].

[7] Barkema, H G, F Vermeulen. 1998. International Expansion through Start-up or Acquisition: A Learning Perspective [J]. Academy of Management journal, 41 (1): 7 –26.

[8] Berger, P L. An East Asian Development Model? [M]. In Search of an East Asian Development Model. P. L. Berger and Hsiao, H. -H. M. New Brunswick, Transaction Publishers. 1993.

[9] Beugelsdijk, S, R Mudambi. 2013. Mnes as Border-Crossing Multi-Location Enterprises: The Role of Discontinuities in Geographic Space [J]. Journal of International Business Studies, 44 (5): 413 –426.

[10] Brett, J M, T Okumura. 1998. Inter-and Intracultural Negotiation: Us and Japanese Negotiators [J]. Academy of Management Journal, 41 (5): 495 –510.

[11] Broderick, J A, E G Greenley, et al. 2007. The Behavioural Homogeneity Evaluation Framework: Multi-Level Evaluations of Consumer Involvement in International Segmentation [J]. Journal of International Business Studies, 38 (5): 746 –763.

[12] Brook, T, H V Luong. 1997. Culture and Economy: The Shaping of Capitalism in Eastern Asia [M]. Ann Arbor: University of Michigan Press.

[13] Brouthers, K D, L E Brouthers. 2001. Explaining the National Cultural Distance Paradox [J]. Journal of International Business Studies, 32 (1): 177 –189.

[14] Buckley, P J, N Forsans, et al. 2012. Host-Home Country Linkages and Host-Home Country Specific Advantages as Determinants of Foreign Acquisitions by Indian Firms [J]. International Business Review, 21 (5): 878 –890.

[15] Casson, M. 1993. Cultural Determinants of Economic Performance [J]. Journal of Comparative Economics, 17 (2): 418 –442.

[16] Davidson, W H. 1980. The Location of Foreign Direct Investment Activity: Country Characteristics and Experience Effects [J]. Journal of international business studies, 11 (2): 9 –22.

[17] Dikova, D, A Panibratov, et al. 2016. The Joint Effect of Investment Motives and Institutional Context on Russian International Acquisitions [J]. International Journal of Emerging Markets, 11 (4): null.

[18] Dikova, D, P Rao Sahib. 2013. Is Cultural Distance a Bane or a Boon for Cross-Border Acquisition Performance? [J]. Journal of World Business, 48 (1): 77-86.

[19] Djankov, S, R La Porta, et al. 2008. The Law and Economics of Self-Dealing [J]. Journal of financial economics, 88 (3): 430-465.

[20] Engelen, A, M Brettel. 2011. Assessing Cross-Cultural Marketing Theory and Research [J]. Journal of Business Research, 64 (5): 516-523.

[21] Engwall, L. 1984. Uppsala Contributions to Business Research [R]. ACTA; 18. Uppsala University, Department of Business Studies.

[22] Fu, P, R Wu, et al., 2008. Chinese Culture and Leadership, ResearchGate.

[23] Grinblatt, M, M Keloharju. 2001. How Distance, Language, and Culture Influence Stockholdings and Trades [J]. The Journal of Finance, 56 (3): 1053-1073.

[24] Guiso, L, P Sapienza, et al. 2006. Does Culture Affect Economic Outcomes? [J]. The journal of economic perspectives, 20 (2): 23-48.

[25] He, W, M A Lyles. 2008. China's Outward Foreign Direct Investment [J]. Business Horizons, 51 (6): 485-491.

[26] Hofstede, F T, J-B E Steenkamp, et al. 1999. International Market Segmentation Based on Consumer-Product Relations [J]. Journal of Marketing Research: 1-17.

[27] Hofstede, G. 1984. Culture's Consequences: International Differences in Work-Related Values [M]. New York: Sage Publications, Inc.

[28] Hofstede, G, M H Bond. 1988. The Confucius Connection: From Cultural Roots to Economic Growth [J]. Organizational Dynamics,

16 (4): 5 -21.

[29] Hofstede, G, M Minkov. 2010. Long-Versus Short-Term Orientation: New Perspectives [J]. Asia Pacific Business Review, 16 (4): 493 -504.

[30] Hsiao, H-H M. An East Asian Development Model: Empirical Explorations [M]. In Search of an East Asian Development Model. P. L. Berger and Hsiao, H. -H. M. New Brunswick, Transaction Publishers. 1993.

[31] Johanson, J, J-E Vahlne. 1977. The Internationalization Process of the Firm—a Model of Knowledge Development and Increasing Foreign Market Commitments [J]. Journal of international business studies, 8 (1): 23 -32.

[32] Johanson, J, F Wiedersheim-Paul. 1975. The Internationalization of the Firm—Four Swedish Cases 1 [J]. Journal of management studies, 12 (3): 305 -323.

[33] Kamakura, W A, T P Novak, et al. 1993. Identification De Segments De Valeurs Pan-Européens Par Un Modèle Logit Sur Les Rangs Avec Regroupements Successifs [J]. Recherche et Applications en Marketing, 8 (4): 29 -55.

[34] Kogut, B, H Singh. 1988. The Effect of National Culture on the Choice of Entry Mode [J]. Journal of international business studies, 19 (3): 411 -432.

[35] Kroeber, A L, C Kluckhohn. 1952. Culture: A Critical Review of Concepts and Definitions [R]. Peabody Museum, Cambrige, MA, 181.

[36] Landes, D S. 1969. The Unbound Prometheus: Technological Change and Industrial Development in Western Europe from 1750 to Ghe Present [M]. London: Cambridge University Press.

[37] Levitt, T. 1993. The Globalization of Markets [J]. Readings in international business: a decision approach, 249.

[38] Loree, D W, S E Guisinger. 1995. Policy and Non-Policy De-

terminants of Us Equity Foreign Direct Investment [J]. Journal of International Business Studies, 26 (2): 281 - 299.

[39] Luostarinen, R. 1979. Internationalization of the Firm: An Empirical Study of the Internationalization of Firms with Small and Open Domestic Markets with Special Emphasis on Lateral Rigidity as a Behavioral Characteristic in Strategic Decision-Making [D]. Helsinki: The Helsinki School of Economics.

[40] Malhotra, S, K Sivakumar, et al. 2009. Distance Factors and Target Market Selection: The Moderating Effect of Market Potential [J]. International Marketing Review, 26 (6): 651 - 673.

[41] Miller, S R, D E Thomas, et al. 2008. Knee Deep in the Big Muddy: The Survival of Emerging Market Firms in Developed Markets [J]. Management International Review, 48 (6): 645 - 666.

[42] Ohmae, K. 1994. The Borderless World: Power and Strategy in the Global Marketplace [M]. London: Harper Collins Publishers.

[43] Ozawa, T. 1979. International Investment and Industrial Structure: New Theoretical Implications from the Japanese Experience [J]. Oxford economic papers, 31 (1): 72 - 92.

[44] Papadopoulos, N, O Martín Martín, et al. 2011. International Market Selection and Segmentation: A Two-Stage Model [J]. International Marketing Review, 28 (3): 267 - 290.

[45] Schumpeter, J A, D M Hausman. 1949. Science and Ideology [J]. 1994: 224 - 238.

[46] Schwartz, S H. 1994. Beyond Individualism/Collectivism: New Cultural Dimensions of Values [M]. New York: Sage Publications, Inc.

[47] Schwartz, S H. 1999. A Theory of Cultural Values and Some Implications for Work [J]. Applied psychology, 48 (1): 23 - 47.

[48] Sen, A. Asian Values and Economic Growth [M]. World Culture Report. UNESCO. 1998: 40 - 41.

[49] Shane, S. 1994. The Effect of National Culture on the Choice

between Licensing and Direct Foreign Investment [J]. Strategic Management Journal, 15 (8): 627 - 642.

[50] Shenkar, O. 2001. Cultural Distance Revisited: Towards a More Rigorous Conceptualization and Measurement of Cultural Differences [J]. Journal of international business studies, 32 (3): 519 - 535.

[51] Shenkar, O. 2012. Beyond Cultural Distance: Switching to a Friction Lens in the Study of Cultural Differences [J]. Journal of International Business Studies, 43 (1): 12 - 17.

[52] Steenkamp, J-B E. 2001. The Role of National Culture in International Marketing Research [J]. International Marketing Review, 18 (1): 30 - 44.

[53] Stulz, R M, R Williamson. 2003. Culture, Openness, and Finance [J]. Journal of financial Economics, 70 (3): 313 - 349.

[54] Temin, P. 1997. Is It Kosher to Talk About Culture? [J]. Journal of Economic History, 57: 267 - 287.

[55] Thomas, D E, R Grosse. 2001. Country-of-Origin Determinants of Foreign Direct Investment in an Emerging Market: The Case of Mexico [J]. Journal of International Management, 7 (1): 59 - 79.

[56] Tihanyi, L, D A Griffith, et al. 2005. The Effect of Cultural Distance on Entry Mode Choice, International Diversification, and Mne Performance: A Meta-Analysis [J]. Journal of International Business Studies, 36 (3): 270 - 283.

[57] Toyne, B. 1990. Managing the Internationalization Process: The Swedish Case [J]. Journal of International Business Studies, 21 (3): 508 - 514.

[58] Triandis, H C. 1994. Mcgraw-Hill series in social psychology. Culture and social behavior [M]. New York: Mcgraw-Hill Book Company.

[59] Tung, L R, A Verbeke. 2010. Beyond Hofstede and Globe: Improving the Quality of Cross-Cultural Research [J]. Journal of International Business Studies, 41 (8): 1259 - 1274.

[60] Verbeke, A. 2013. International Business Strategy [M]. Cambridge: Cambridge University Press.

[61] Weber, M. 1930. The Protestant Ethic and the Spirit of Capitalism [M]. London: George Allen & Unwin.

[62] Wedel, M, F ter Hofstede, et al. 1998. Mixture Model Analysis of Complex Samples [J]. Journal of Classification, 15 (2): 225 - 244.

[63] Welch, L S, R Luostarinen. 1988. Internationalization: Evolution of a Concept [J]. The Internationalization of the firm, 14: 83 - 98.

[64] Williams, R. 2014. Keywords: A Vocabulary of Culture and Society [M]. Oxford: Oxford University Press.

[65] WorldBank. 1993. The East Asian Miracle: Economic Growth and Public Policy [M]. New York: Oxford University Press.

[66] Yoshino, M Y. 1976. Japan's Multinational Enterprises [M]. Cambridge: Harvard University Press.

[67] Throsby、D 著:《经济学与文化》,王志标、张峥嵘译,中国人民大学出版社 2015 年版。

[68] 黄发玉:《纽约文化探微》,中央编译出版社 2003 年版,第 113 页。

[69] 黄肖琦、柴敏:"新经济地理学视角下的 FDI 区位选择——基于中国省际面板数据的实证分析",《管理世界》2006 年第 10 期,第 7—13 页、第 26 页、第 171 页。

[70] 李红、彭慧丽:"区域经济一体化进程中的中国与东盟文化合作:发展、特点及前瞻",《东南亚研究》2013 年第 1 期,第 101—110 页。

[71] 李墨丝:"国际贸易体制的新变革与中国对外文化贸易的应对策略",《福建论坛(人文社会科学版)》2015 年第 8 期,第 62—68 页。

[72] 李向阳:"构建'一带一路'需要优先处理的关系",《国际经济评论》2015 年第 1 期,第 54—63 页、第 55 页。

[73] 刘威、肖光恩:"文化距离、制度效应与跨境股权投资",

《经济管理》2015 年第 5 期，第 171—182 页。

[74] 苗红娜：“美国公众对中国经济竞争力及中国汇率政策的认知”，《世界经济与政治论坛》2015 年第 5 期，第 42—61 页。

[75] 苗长虹、王兵：“文化转向：经济地理学研究的一个新方向”，《经济地理》2003 年第 5 期，第 577—581 页。

[76] 綦建红、李丽等：“中国 OFDI 的区位选择：基于文化距离的门槛效应与检验”，《国际贸易问题》2012 年第 12 期，第 137—147 页。

[77] 任钊逸、范徵等：“霍夫斯坦特国家文化模型与世界价值观调查的比较研究”，《上海管理科学》2014 年第 5 期，第 76—80 页。

[78] 沈全芳、范汉熙：“文化经济学研究新进展”，《经济学动态》2010 年第 6 期，第 140—144 页。

[79] 世界主要经济体文化产业发展现状研究课题组：“世界文化产品和服务贸易的现状与特点”，《调研世界》2014 年第 11 期，第 14—17 页。

[80] 世界主要经济体文化产业发展现状研究课题组：“世界主要经济体文化产业发展状况及特点”，《调研世界》2014 年第 10 期，第 3—6 页、第 49 页。

[81] 田国强：“科学理解现代经济学”，《上海财经大学学报》2011 年第 2 期，第 41—46 页。

[82] 王蕙：“Hofstede 的文化维度理论的局限性”，《西安工业大学学报》2013 年第 1 期，第 58—62 页。

[83] 谢杰、刘任余：“基于空间视角的中国对外直接投资的影响因素与贸易效应研究”，《国际贸易问题》2011 年第 6 期，第 66—74 页。

[84] 姚新超：“保障文化多样性与 WTO 规则的冲突及其协调措施建议”，《国际贸易问题》2008 年第 6 期，第 116—120 页、第 128 页。

[85] 叶德珠、连玉君等：“消费文化、认知偏差与消费行为偏差”，《经济研究》2012 年第 2 期，第 80—92 页。

[86] 殷华方、鲁明泓:"文化距离和国际直接投资流向: S型曲线假说",《南方经济》2011年第1期,第26—38页。

[87] 张慧、黄建忠:"我国对外直接投资区位分布的影响因素分析——基于新经济地理理论的探讨"。《国际商务(对外经济贸易大学学报)》2014年第5期,第53—65页。

[88] 张吉鹏、衣长军:"东道国技术禀赋与中国企业OFDI区位选择——文化距离的调节作用",《工业技术经济》2014年第4期,第90—97页。

[89] 赵向阳、李海等:"中国区域文化地图:'大一统'抑或'多元化'?"《管理世界》2015年第2期,第101—119页、第187—188页。

后　记

2011 年博士毕业后，我开始在北京第二外国语学院工作，当时就有了读博士后的想法，希望以此增强我对经济运行的理解，促使所做研究能够围绕和服务于实际问题。中国社会科学院是我梦寐以求的地方，而从学生时代就读到的李向阳老师的文章更让我如痴如醉，发自内心的佩服，非常希望有朝一日可以跟随李老师学习。2013 年 11 月是一切美好的开始，我被中国社会科学院亚太与全球战略研究院接收为博士后，在李向阳老师的指导下开始相关研究。李老师平易近人，学识渊博，学风严谨，对学生关心爱护、细致指导、要求严格，3 年的在站时光让我受益良多，并最终形成这一书稿。

在站期间，我有幸得到赵江林研究员、王玉主研究员、吴辛烨博士、王金波博士、谢来辉博士等多位老师的指导和帮助，并结识一群努力和有趣的小伙伴，在日常的工作和交流中常有让我耳目一新的见解。作为在职博士后，我的学习得到了所在单位北京第二外国语学院领导和同事的大力支持。从博士后报告的完成到这本书的最终出版，中国财政经济出版社的赵力总编辑给予了极大的帮助，在此一并感谢。

撰写博士后出站报告和准备书稿的过程伴随着我升级为妈妈、适应人生新角色的过程，能够在宝宝还小的时候以饱满的精神状态投入工作和研究离不开家人给予的无私支持和无微不至的关心，谢谢你们！

同时，感谢北京第二外国语学院的出版资助，感谢中国财政经济出版社编辑对本书出版所给予的支持与帮助。

2018 年 11 月